Revolucionando
o desempenho acadêmico
O desafio de Isa

O GEN | Grupo Editorial Nacional – maior plataforma editorial brasileira no segmento científico, técnico e profissional – publica conteúdos nas áreas de ciências sociais aplicadas, exatas, humanas, jurídicas e da saúde, além de prover serviços direcionados à educação continuada e à preparação para concursos.

As editoras que integram o GEN, das mais respeitadas no mercado editorial, construíram catálogos inigualáveis, com obras decisivas para a formação acadêmica e o aperfeiçoamento de várias gerações de profissionais e estudantes, tendo se tornado sinônimo de qualidade e seriedade.

A missão do GEN e dos núcleos de conteúdo que o compõem é prover a melhor informação científica e distribuí-la de maneira flexível e conveniente, a preços justos, gerando benefícios e servindo a autores, docentes, livreiros, funcionários, colaboradores e acionistas.

Nosso comportamento ético incondicional e nossa responsabilidade social e ambiental são reforçados pela natureza educacional de nossa atividade e dão sustentabilidade ao crescimento contínuo e à rentabilidade do grupo.

GILBERTO JOSÉ MIRANDA

SILVIA PEREIRA DE CASTRO CASA NOVA

EDVALDA ARAÚJO LEAL

Revolucionando o desempenho acadêmico

O desafio de Isa

ALINE BARBOSA DE MIRANDA

ALANNA SANTOS DE OLIVEIRA

MÔNICA APARECIDA FERREIRA

Os autores e a editora empenharam-se para citar adequadamente e dar o devido crédito a todos os detentores dos direitos autorais de qualquer material utilizado neste livro, dispondo-se a possíveis acertos caso, inadvertidamente, a identificação de algum deles tenha sido omitida.

Não é responsabilidade da editora nem dos autores a ocorrência de eventuais perdas ou danos a pessoas ou bens que tenham origem no uso desta publicação.

Apesar dos melhores esforços dos autores, do editor e dos revisores, é inevitável que surjam erros no texto. Assim, são bem-vindas as comunicações de usuários sobre correções ou sugestões referentes ao conteúdo ou ao nível pedagógico que auxiliem o aprimoramento de edições futuras. Os comentários dos leitores podem ser encaminhados à **Editora Atlas Ltda.** pelo e-mail faleconosco@grupogen.com.br.

Direitos exclusivos para a língua portuguesa
Copyright © 2018 by
Editora Atlas Ltda.
Uma editora integrante do GEN | Grupo Editorial Nacional

Reservados todos os direitos. É proibida a duplicação ou reprodução deste volume, no todo ou em parte, sob quaisquer formas ou por quaisquer meios (eletrônico, mecânico, gravação, fotocópia, distribuição na internet ou outros), sem permissão expressa da editora.

Rua Conselheiro Nébias, 1384
Campos Elísios, São Paulo, SP – CEP 01203-904
Tels.: 21-3543-0770/11-5080-0770
faleconosco@grupogen.com.br
www.grupogen.com.br

Designer de capa: Caio Cardoso
Imagem de capa: ilyast | iStockphoto
Editoração Eletrônica: Set-up Time Artes Gráficas

CIP-BRASIL. CATALOGAÇÃO NA PUBLICAÇÃO
SINDICATO NACIONAL DOS EDITORES DE LIVROS, RJ

R35

Revolucionando o desempenho acadêmico : o desafio de ISA / Gilberto José Miranda ... [et al.]. - 1. ed. - São Paulo: Atlas, 2018.
   : il. ; 23 cm.

Inclui bibliografia
ISBN: 978-85-97-01786-1

1. Ensino superior - Brasil. 2. Universidades e faculdades - Brasil - Administração. I. Miranda, Gilberto José. II. Título.

18-50594	CDD: 378.81
	CDU: 378(81)

Leandra Felix da Cruz - Bibliotecária - CRB-7/6135

Videoaulas e *storyboards*

Este livro conta com acesso exclusivo a videoaulas e *storyboards*. Veja o passo a passo para acesso na orelha deste livro.

As videoaulas contêm orientações e informações relevantes para acadêmicos, professores e gestores de instituições de ensino.

Os *storyboards* ilustram a história de Isa (apresentada no livro), suas lutas, desafios e realizações em sua jornada acadêmica.

Confira algumas cenas!

Nota sobre os Autores

Alanna Santos de Oliveira: Doutoranda em Economia pela Universidade Federal de Uberlândia. Mestre em Economia pela Universidade Federal de Uberlândia. Graduada em Ciências Econômicas pela Universidade Federal de Uberlândia. Interesses de pesquisa: Desenvolvimento, Políticas Públicas, Educação, e Ensino e Pesquisa na Área de Negócios.

Aline Barbosa de Miranda: Doutora em Educação pela Faculdade de Educação da Universidade de São Paulo (FE/USP). Mestre em Educação e Graduada em Pedagogia pela Universidade Federal de Uberlândia (UFU). Atualmente, é Professora do Ensino Fundamental da Prefeitura Municipal de Uberlândia e da Pós-Graduação da Universidade de Patos de Minas (UNIPAM). Interesses de pesquisa: Ensino e Pesquisa em Didática e Políticas e Gestão da Educação.

Edvalda Araújo Leal: Doutora em Administração pela Fundação Getulio Vargas (FGV/SP). Mestre em Ciências Contábeis pela Pontifícia Universidade Católica de São Paulo (PUC/SP). Especialista em Controladoria e Contabilidade pela Universidade Federal de Uberlândia (UFU). Graduada em Ciências Contábeis pela Unitri. Atualmente, é Coordenadora do Programa de Pós-Graduação *Stricto Sensu* em Ciências Contábeis da Universidade Federal de Uberlândia. Interesses de pesquisa: Ensino e Pesquisa em Contabilidade e Gestão de Custos. Coordenadora do Núcleo de Ensino e Pesquisa em Administração e Ciências Contábeis (NEPAC).

Gilberto José Miranda: Doutor em Controladoria e Contabilidade pela Universidade de São Paulo (FEA/USP). Mestre em Administração, Especialista em Docência na Educação Superior, Especialista em Controladoria e Contabilidade e Graduado em Ciências Contábeis pela Universidade Federal de Uberlândia (UFU). Atualmente, é Professor do Programa de Pós-Graduação *Stricto Sensu* em Ciências Contábeis da UFU. Interesses de pesquisa: Ensino e Pesquisa em Contabilidade e Análise das Demonstrações Contábeis. Coordenador do Núcleo de Ensino e Pesquisa em Administração e Ciências Contábeis (NEPAC).

Nota sobre os Autores

Mônica Aparecida Ferreira: Doutoranda em Ciências Contábeis e Mestre em Ciências Contábeis pela Universidade Federal de Uberlândia (UFU). Graduada em Ciências Contábeis pela Universidade de Uberaba. Atualmente, é Professora da Faculdade de Ciências Contábeis da UFU. Interesses de pesquisa: Educação Contábil, Contabilidade Gerencial e Contabilidade Tributária.

Silvia Pereira de Castro Casa Nova: Mestre e Doutora em Contabilidade e Controladoria pela Universidade de São Paulo. Livre-docente em Educação Contábil pela Universidade de São Paulo. Pós-doutora em Métodos Quantitativos aplicados à Contabilidade na FGV. Foi *visiting scholar* no *Organizational Leadership, Policy and Development Department* no *College of Education and Human Development* (OLPD-CEHD) da *University of Minnesota* e *visiting researcher* na *Business Research Unit* do Instituto Universitário de Lisboa (BRU-IUL). Ocupa, atualmente, o cargo de Professora do Departamento de Contabilidade e Atuária da Faculdade de Economia, Administração e Contabilidade da USP e é fundadora do GENERAS – Núcleo FEA/USP de Pesquisa em Gênero, Raça e Sexualidade.

Apresentação

Caros leitores,

Este livro é fruto de diversas pesquisas realizadas sobre os determinantes do desempenho acadêmico por professores da Universidade de São Paulo e da Universidade Federal de Uberlândia. São diferentes formações e visões que se complementam: educação, administração, economia e contabilidade. São apresentadas e discutidas diversas variáveis relativas às instituições de ensino, aos professores e aos próprios alunos associadas ao desempenho acadêmico.

Inicialmente foi elaborada uma versão acadêmica do texto, que estava direcionada quase que exclusivamente para a pós-graduação nas áreas de educação e de negócios. No entanto, fomos surpreendidos pelos editores do grupo GEN | Atlas mediante o desafio de manter a profundidade conceitual e "traduzir" o texto para uma linguagem mais agradável, para que o conteúdo fosse mais acessível e útil a estudantes em geral. A preocupação então não estaria restrita somente com os conceitos acadêmicos, mas igualmente com a criatividade.

Talvez este tenha sido um dos desafios mais gratificantes que já tivemos. Diante disso, imediatamente tivemos uma ideia: dar vida aos personagens explorados no primeiro livro da série *Revolucionando a sala de aula: como envolver o estudante aplicando as técnicas de metodologias ativas de aprendizagem.*[*] Depois de conhecermos a história do professor Beto, o foco agora seria na estudante Isa.

Vamos apresentar ao leitor amigo e à leitora amiga, uma história de vida emocionante e cheia de desafios. Permeada por lutas, enfrentamento de preconceitos, superações e conquistas. Estamos trazendo à luz a história de uma brasileira com quem muitas(os) outras(os) se identificarão.

Isa tinha um sonho: fazer mestrado em história da contabilidade na Europa, mais especificamente, na Escócia. Ficou sabendo por seus professores que, naquele país, existiam estudiosos sobre temas que desejava ardentemente pesquisar. Portanto, sonhava com a possibilidade fazer mestrado nesse país.

---

[*] Os personagens compõem os *storyboards* utilizados para ilustrar as estratégias de ensino (material suplementar).

Apresentação

Mas sua forte personalidade não permitia que seus propósitos ficassem apenas na esfera dos sonhos. Eles acabaram se tornando objetivos reais para o alcance dos quais ela traçaria estratégias e metas muito bem definidas. Contaria com a ajuda de seu colega Paulo, uma pessoa muito importante em sua trajetória.

O Governo brasileiro estava oferecendo uma bolsa de estudos no exterior para o melhor estudante do estado. Diante dessa possibilidade, Isa se empenharia ao máximo em cada uma das disciplinas que cursava na faculdade. Mas ela também pensava estrategicamente: queria conhecer tudo (as variáveis) que poderia afetar o seu desempenho acadêmico, para ampliar suas chances de conquistar "o prêmio".

Nessa busca, ela pesquisaria, conversaria, pediria conselhos e questionaria, por diversas vezes, aos professores Raquel, Marta, Camila Lisboa, Helena e Beto. Além disso, conversaria bastante com seu amigo Paulo sobre suas dúvidas e inquietações. Suas descobertas passariam pelas características das instituições, dos professores e dos próprios estudantes que estão *associadas ao desempenho acadêmico...*

Isa conseguirá realizar seu sonho? Leia o livro e descubra o final desta intrigante história!

O livro é indicado aos docentes, pós-graduandos e discentes de cursos no ensino superior. Também *é* indicado para a formação docente no ensino superior nas diversas áreas do saber. Poderá ser adotado como livro-base para discussões sobre o tema nas disciplinas de: Metodologia do Ensino Superior, Didática para o Ensino Superior, Formação Docente e Didática, em cursos de especialização, de mestrado e de doutorado.

Os Autores

Prefácio

Historicamente, a humanidade se organiza e se transforma por meio de movimentos sociais que afetam sua cultura predominante, de forma ampla, mas também cada participante do grupo social, de forma particular. Os movimentos educacionais e também os escolares são claras tentativas de otimizar o processo de transformação de indivíduos e de grupos sociais inteiros, que por vezes são revisitados, visando criticamente avaliar seus méritos e contribuir com ajustes, ou mesmo rupturas.

Aqui, temos um caso típico de ruptura estimulada por grande quantidade de energia canalizada em pesquisas ligadas ao tema da educação, acumulada ao longo de anos pelas autoras e autor desta obra. Ao se lançarem criativamente ao mundo das histórias, ao mundo das narrativas, mas particularmente ao mundo dos romances, avançam por barreira sutilmente imposta que pressiona o mundo acadêmico. São raros os casos, pelo menos que tenho observado, de acadêmicos desbravando essas searas. Ainda mais raros aqueles que de fato conseguem transpor os obstáculos e culminar com resultado robusto que não comprometa nenhum dos dois extremos: o da ciência e o do entretenimento. Não posso negar minha felicidade ao concluir a leitura desta obra e classificá-la como um desses raros exemplos!

O complexo tema desempenho acadêmico que convive com os agentes do processo educacional, por vezes implicitamente, é efetivamente apresentado aos leitores de forma objetiva, permitindo aos interessados nos mais diversos níveis de exposição e experiência ganhar perspectivas importantes de forma entrelaçada e especialmente conectada com uma narrativa de vida, de uma personagem com a qual não se tem qualquer dificuldade para construir forte empatia.

Trata-se de um processo criativo e artístico. A escrita, a narrativa, a documentação e a concatenação dos detalhes culminam com experiência agradável e, ao mesmo tempo, eficaz para a transformação do participante leitor interessado em temas de educação superior vinculados ao desempenho acadêmico, especialmente na área de negócios, na área de Contabilidade.

Personagens, cenários, enredo e trama são explorados para garantir uma agradável viagem ao mundo do saber e do entretenimento. Ficção combinada com realidade (meu amigo Alan que o diga!), com fatos reais que pautam a vida acadêmica de

Prefácio

estudantes, professores, administradores de programas, suas respectivas famílias e entorno. Tais elementos, por vezes são perigosamente desconsiderados em trabalhos científicos, o que aqui não acontece. Inclusive, os leitores irão perceber, às vezes de forma muito sutil, a importância de elementos dificilmente contemplados nos trabalhos acadêmicos sobre o tema em foco.

Esta obra trata com o devido respeito científico o tema do desempenho acadêmico e suas tão complexas conexões com temas adjacentes (conforme explorado aqui pela personagem Profa. Marta, ao tratar de rendimento e avaliação). Mas faz isso com cores e com emoções. É talvez o maior diferencial da obra e para o qual reforço os parabéns às professoras Silvia, Edvalda, Aline, Alanna e Mônica, bem como ao professor Gilberto por vencerem este grande desafio!

Ter prazer ao se expor a história de outros é algo tão antigo em nossa humanidade. Aqui temos uma história da vida realmente emocionante, com a qual podemos conectar facilmente. Tratar educação como um sonho é perspectiva com a qual me alinho facilmente. A transformação de pessoas, essencialmente por elas próprias, é processo dos mais complexos, longos, sinérgicos, com enorme potencial de gratificação, ao mesmo tempo que oferece riscos e possíveis frustrações. Conhecer, valorizar e agir representam dimensões que se complementam e oferecem desafios próprios para cada ser humano. Neste caso, a personagem Isa e sua personalidade que vai aos poucos se permitindo desabrochar convidam o leitor a mergulho profundo nas águas da avaliação educacional motivado por um sonho, o sonho de uma experiência acadêmica internacional: continuar os estudos na Escócia, sob orientação de um grande especialista em um tema fascinante (História da Contabilidade).

Mas será mesmo esse o sonho de Isa? A robustez da obra permite tantas interpretações que garanto aos leitores, notadamente aos administradores de programas e professores, não noto tantos limites para as possibilidades de uso em discussões intensas sobre as variáveis do tema (especialmente caminhos que esta obra apenas sinaliza, sutilmente). Como deve ser em um bom romance.

Sinto-me honrado por ter tido a chance de ler em primeira mão e poder ver aqui concentrados objetivos claros e apresentações de teorias interconectadas, em meio aos vários ditados populares, histórias de vidas e humor. O leitor irá encontrar aqui experiências típicas da vida cotidiana dos estudantes, dos professores, dos administradores de programas e suas famílias. Encontrará situações do entorno educacional que permeiam muitas decisões com as quais nos deparamos cotidianamente e algumas bem mais delicadas e de grande impacto nas vidas das pessoas.

Aproveitem! Leiam com o coração aberto e a mente preparada para acompanhar a jornada de Isa e sua garra, sua motivação em busca de seus objetivos de vida! Estou certo de que irão gostar e pedir mais.

Edgard Cornacchione
(fevereiro de 2018)

Agradecimentos

Agradecemos à FAPEMIG e ao CNPq pelo apoio às pesquisas que subsidiaram a construção deste texto, ao professor Deive Bernardes da Silva e aos alunos da disciplina de Metodologia do Ensino da Contabilidade do Programa de Pós-Graduação em Ciências Contábeis da Universidade Federal de Uberlândia pelas análises, debates e contribuições ao texto.

Sumário

1 O desafio, 1

2 Avaliação, desempenho ou rendimento?, 7

3 As variáveis institucionais interferem no desempenho acadêmico?, 15

4 O sonho desmorona?, 37

5 Eu dependo do professor para aprender?, 43

6 Um sonho bom é um sonho que se sonha junto, 57

7 O passado afeta o futuro?, 71

8 Senhora do seu destino, 77

9 Eu na Universidade, 115

10 Amarrando as pontas, 129

11 Os segredos do desempenho acadêmico, 139

12 O "desafio" de Isa, 145

Referências, 151

1 O desafio

Capítulo 1

Ainda faltava meia hora para o início da aula quando Paulo adentrou a sala. Imaginava que seria o primeiro a chegar, mas percebeu que Isa já estava lá, estudando.

– Muito "Caxias" esta minha amiga!

– Olá, Paulo! Luís Alves de Lima e Silva, o duque de Caxias, não dormia e, muitas vezes, nem comia. Passava noites a fio trabalhando e, por isso, virou sinônimo de trabalho árduo. Mas esse não é o meu caso. Como você está?

Paulo riu. Sabia o quanto Isa apreciava destrinchar expressões e ditados populares. Era mesmo uma pessoa única!

– Muito bem! E você? Temos prova hoje? Já está estudando...

– Hoje não, mas na próxima semana, sim.

– Então relaxa, ainda temos muito tempo! E você não precisa se preocupar mesmo. Você tem a maior média da sala!!!

– Sim, mas eu quero ganhar aquela bolsa de pós-graduação... Como você sabe, para ganhá-la, terei que ter a maior média ao final do curso, não só da sala, ou da faculdade, mas sim de todo o estado...

Isa acalentava o sonho de fazer um curso de mestrado na Escócia. Ela ficou sabendo por seus professores que, naquele país, existiam estudiosos sobre temas que muito lhe interessavam. Seu interesse principal era estudar a história da Contabilidade. E um dos maiores especialistas no tema, o professor Alan Sangster, era escocês e estava vinculado a uma universidade naquele país. Por esse motivo, Isa sonhava em conquistar essa bolsa de estudos com a possibilidade de estudar na Escócia.

Estava em vigência um projeto do governo brasileiro, fruto de uma parceria entre o Ministério da Ciência, Tecnologia e Inovação (MCTI) e o Ministério da Educação (MEC), por meio de suas respectivas instituições de fomento – CNPq e Capes – e Secretarias de Ensino Superior e de Ensino Tecnológico do MEC, um edital oferecendo bolsas de estudo integrais no exterior para o estudante que tivesse o maior rendimento acadêmico do curso de cada estado do país. Diante dessa possibilidade, Isa estava se empenhando ao máximo em cada uma das disciplinas que cursava. Queria ter chances de concorrer a essa bolsa. Mas sabia que seria difícil. Ao pensar sobre isso, Isa ouviu as palavras de Paulo ecoando em sua mente.

– Deixa de bobagem, Isa. Esse concurso é muito difícil! Imagina, concorrer com participantes de todo o estado. Tem gente muito boa nessa área... Acho que está sonhando alto demais...

– Paulo, você não acredita em mim?

– Você sabe que te admiro muito, mas isso é um Ovo de Colombo, Isa.

– Pode até ser! Aliás, você sabe exatamente o que significa a expressão "Ovo de Colombo"?

– Não...

– Trata-se de uma expressão popular de origem bastante antiga. Ao descobrir as Américas, o navegador Cristóvão Colombo ficou muito famoso na Europa. Certa feita, um cardeal ofereceu um banquete em sua homenagem. Durante a

2

festa, perguntaram-no sobre a possibilidade de outra pessoa ter feito o que ele fez. Então, Colombo pediu a atenção dos presentes, apresentou um ovo e propôs que o colocassem em pé. Muitos tentaram, mas ninguém conseguiu fazê-lo. Colombo, então, tomou o ovo e bateu uma de suas extremidades delicadamente sobre a mesa. Ao achatar um dos "polos", o ovo ficou em pé. "Assim foi com a descoberta do Novo Mundo. Todos poderiam ter feito o mesmo, se antes tivessem tido a ideia e a capacidade de colocá-la em prática!", completou ele.[1] Ou seja, não é tão difícil, Paulo. Preciso apenas encarar a situação por um ângulo diferente dos demais.

– Mas é uma situação diferente, Isa.

– Você está me desafiando?

– Não, não é isso. Estou tentando ser realista. Procure outra forma mais fácil de estudar fora do país.

– Pois, Paulo, agora eu te faço uma aposta: vou provar que eu consigo! Anote aí!

– Nossa, quanta convicção! Até parece que existe algo que eu não saiba, algum "segredo". Existe algum segredo para ter um melhor desempenho? Qual é?

– Talvez... quem sabe um dia eu possa te contar...

– Misteriosa, hein?

Nesse instante, começaram a chegar os demais colegas. Aos poucos, a sala foi se enchendo. Mas, antes do horário de início da aula, a professora Marta chegou. Como sempre, a aula foi muito interessante, pois a docente trouxe um caso sobre custos interorganizacionais que envolveu toda a turma. Ao final, depois da chamada, Isa se aproximou dela.

– Professora Marta, como sempre, sua aula foi muito boa!

– Obrigada, Isa! É bom ter o *feedback* das nossas aulas! Principalmente de você, que é uma aluna muito dedicada!

– Então, professora, gostaria de conversar com você sobre desempenho acadêmico. É que eu gostaria de concorrer àquela bolsa de estudos internacional. Mas, como sabe, será um processo muito concorrido, pois participarão estudantes de todo o estado e os escolhidos serão os melhores estudantes de todas as instituições. Quero conhecer todos os fatores que podem ter um peso para que meu desempenho seja competitivo, para que eu tenha um diferencial!

– Que maravilha, Isa! Fico feliz por você! Acredito no seu potencial e vejo que quer se preparar da melhor maneira possível!!! Essa sua postura, por si só, já é um diferencial. Mas, me diga! O que exatamente você quer saber sobre desempenho acadêmico?

– É que a bolsa será dada ao estudante do curso de Ciências Contábeis, de cada estado, que tiver a maior média de nota no histórico escolar. Assim, eu gostaria de conhecer o que pode afetar o desempenho de um estudante. Como lhe contei, vou concorrer com muitos alunos, de instituições públicas, privadas, do interior, da capital. Preciso conhecer as minhas reais chances e pensar estrategicamente!

– Hum... Vamos caminhando até a minha sala.

Capítulo 1

Enquanto caminhavam, a professora Marta começou a conversar com Isa, tentando descobrir o que motivava uma estudante tão jovem a enfrentar um grande desafio como aquele.

– Isa, eu gostaria de compreender o que te fez despertar para um desafio "complexo" como esse.

– Professora Marta, hoje eu curso o sétimo período do curso de Ciências Contábeis, como a senhora sabe. Mas, em meados do curso, no quarto período, eu tive uma conversa com um de meus professores, o Beto, que me ajudou a começar a iniciar a minha trajetória acadêmica. Além disso, penso que meu coeficiente de rendimentos é bom. Mas tenho algumas motivações pessoais também...

– Sim, continue!

– Naquela ocasião, eu ainda não sabia muito bem o que almejava para o meu futuro profissional. Via muitas movimentações dentro da faculdade, com alunos participando de grupos de pesquisa como bolsistas e até mesmo como voluntários. Soube que o professor Beto havia submetido um projeto ao Conselho Nacional de Desenvolvimento Científico e Tecnológico (CNPq) e que havia sido aprovado. Ele estava realizando o processo de seleção para bolsistas. Eu fiquei curiosa para saber o que era uma "iniciação científica", seu funcionamento e no que poderia resultar. Então resolvi conversar com ele para saber se poderia participar da seleção.

– Sim, entendo!

Marta estava já bastante impressionada com a proatividade e curiosidade daquela jovem.

– Eu fui muito bem recebida. Ele me passou todas as informações e questionou o que eu pretendia fazer após terminar o curso de graduação. Confesso que aquela pergunta me desconcertou, pois eu ainda não havia pensado sobre isso... Achava que ainda era cedo. Então ele me explicou que a iniciação científica seria o caminho ideal para estudantes que tivessem interesse pela carreira acadêmica, em cursar mestrado, doutorado... e quem sabe depois se tornar professores/pesquisadores.

– Ele tem razão. Mas você poderia, e pode, mudar a "rota", se quiser.

– Sim, ele me disse isso também. Mas o fato é que eu fiquei bastante intrigada, pois parecia um mundo bem interessante e curioso! Resolvi que participaria da seleção. Dediquei-me bastante e fui a primeira classificada no processo seletivo. Enfim, tornei-me bolsista de IC sob orientação do professor Beto.

– Que legal! – Marta sorriu. Conhecia o colega e sabia o quanto ele se dedicava ao processo de orientação.

– Desde então, eu despendo muitos esforços para realizar uma iniciação bem feita. Já estamos no segundo projeto. Conforme o professor Beto já havia me alertado, eu me apaixonei pela pesquisa. Depois que ingressei no programa de IC comecei a participar mais dos eventos científicos que as instituições de ensino superior oferecem, sobretudo de simpósios, congressos e encontros locais.

O desafio

Em um congresso organizado pela nossa instituição, atuei como monitora e, conversando com alguns estudantes da USP, soube de alguns programas de intercâmbio para estudar no exterior. Assim, eu comecei a acompanhar pela internet os programas que oferecem bolsas nessa modalidade. Até que um dia me deparei com um programa de incentivo do governo brasileiro que ofereceria uma bolsa para o melhor aluno do curso de cada estado, para estudar no exterior, e cursar o mestrado. Motivada pela conversa sobre a pesquisa e seus caminhos com o professor Beto, comecei a projetar meu futuro. Resolvi que terminaria meu curso e o próximo passo seria concorrer a essa bolsa e realizar um mestrado fora do país. Esse seria meu projeto depois que terminasse a graduação em Contabilidade. E comecei, então, a nutrir esse sonho. Quero estudar os fundamentos históricos da Contabilidade. Sei que há poucos trabalhos desenvolvidos e muito ainda para ser feito. Eu já soube que há excelentes pesquisadores na Europa.

Marta sorriu abertamente. Isa percebeu que o rosto da professora, sempre tão sério, se iluminava quando ela sorria. Ficou curiosa em saber o que despertara essa alegria. Será que ela estava achando esse sonho impossível? Apesar de não saber exatamente o que a professora pensava sobre isso, Isa se sentiu mais segura para continuar dividindo seus sonhos com ela.

2 Avaliação, desempenho ou rendimento?

Capítulo 2

Caminharam lentamente por alguns minutos. A sala da professora Marta não era muito longe da sala de aula. A professora Marta ouvia a história de Isa atentamente e parecia muito interessada. Isa terminou sua narração e, como Marta não dizia nada, apenas sorria de quando em quando, pensou: "Será que, como Paulo, a professora Marta achava que ela estava almejando algo além de suas possibilidades?" Parece que a professora ouvira seus pensamentos, porque logo começou a falar.

– Isa, sua história é muito interessante. Penso que você deve correr atrás de seu sonho, sim! Pode contar comigo para o que precisar. Você havia me questionado a respeito do desempenho acadêmico e eu vou repetir uma fala do professor Eliseu Martins: "O que comumente se denomina de 'mero problema de terminologia', talvez fosse melhor tratado por 'magno problema de terminologia'".[1] Digo isso porque desempenho é diferente de rendimento, ou seja, para ser mais específica, "a descrição do termo desempenho envolve a dimensão da ação e o rendimento é o resultado da sua avaliação, expresso na forma de notas ou de conceitos obtidos pelo sujeito em determinada atividade", como dizia Munhoz.[2]

> *Desempenho é diferente de rendimento.*

Como a *performance* de um estudante sofre influência de inúmeras variáveis, dificilmente poderia ser estabelecida uma medida exata de seu desempenho. Assim, em geral, temos medidas de rendimento acadêmico para acompanhar os respectivos desempenhos, umas mais simples, outras mais complexas, dependendo dos objetivos pretendidos. Para exemplificar, podem ser citadas: a nota de um teste pontual; a nota de uma disciplina; as notas das disciplinas cursadas em um período; a média geral acumulada do tempo escolar cursado; os resultados de exames externos à instituição de ensino, como Exame Nacional de Desempenho de Estudantes (ENADE), Exame de Suficiência dos Cursos de Ciências Contábeis e Exame de Ordem do curso de Direito.

> *Temos medidas de rendimento acadêmico para acompanhar os respectivos desempenhos, umas mais simples, outras mais complexas, dependendo dos objetivos pretendidos*

A professora Marta falava pausadamente, com ênfase nas informações principais, como em uma aula. Isa se alegrou, percebendo que havia procurado a pessoa certa. Seu coração se encheu de esperança: parecia que a professora estava "assinando embaixo" do seu compromisso de pensar estrategicamente e perseguir o seu sonho. Sentiu que ali começaria "o desafio de Isa". Decidiu, naquele momento, que registraria sua história em um diário. Quem sabe ajudaria outras pessoas que tivessem um sonho acadêmico como o seu? Para esclarecer essa questão do desempenho, Isa decidiu fazer uma pergunta:

– Professora, veja se eu entendi: então o rendimento é a medida objetiva do desempenho? Mas você disse que dificilmente temos uma medida exata do desempenho. Como assim? Essa parte eu não entendi!

– Sim, Isa. Isso acontece porque avaliar é uma tarefa complexa e não pode ser reduzida à realização de provas e ou à atribuição de notas. A avaliação cumpre funções pedagógico-didáticas, de diagnóstico e de controle, as quais recorrem a instrumentos de verificação do rendimento escolar.[3]

– Mas, se a avaliação não se resume à atribuição de notas, o que mais ela deve contemplar?

– A avaliação é parte importantíssima do processo de ensino e aprendizagem. Vou te apresentar três tipos de avaliação: a avaliação diagnóstica, a avaliação somativa e a avaliação formativa. Mas a literatura sobre o tema é ampla. Outras nomenclaturas são comuns também. Por enquanto, vamos nos ater a essas três, que são as mais importantes, no meu entendimento.

A essa altura, elas já haviam chegado à sala da professora. Era uma sala muito arrumada, mas simples. Havia três mesas de escritório, um armário grande com portas transparentes e muitos livros. No canto, ao lado da mesa da professora Marta, havia uma mesa pequena com alguns enfeites e fotos de alunos, como se fossem turmas de formatura, provavelmente, presentes recebidos dos alunos. Havia também uma pequena mesa redonda com cadeiras em volta, com um pequeno vaso de flores ao centro. Marta fez um sinal para se sentarem. Depois de acomodadas, para enfatizar os pontos importantes, enquanto falava, Marta desenhava em um papel um esquema (veja na Figura 1).

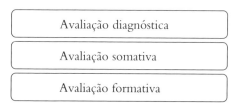

Figura 1. Tipos de avaliação

Isa sorriu. Era para facilitar a sua compreensão, ela teve a certeza. Outra certeza que teve é a de que seria uma aula! A professora continuou:

– A avaliação diagnóstica é aquela que ocorre antes de o processo de ensino ter começado. Tem o objetivo de adequar os métodos e os conteúdos a serem trabalhados ao público-alvo. Um exemplo comum são os testes de nivelamento das escolas de línguas. Por meio da avaliação

A avaliação diagnóstica é aquela que ocorre antes de o processo de ensino ter começado. Tem o objetivo de adequar os métodos e os conteúdos a serem trabalhados ao público-alvo.

Capítulo 2

diagnóstica, temos informações sobre as capacidades e conhecimentos do estudante antes do começo de um processo de ensino/aprendizagem. Ela sinaliza a presença ou ausência de habilidades, conhecimentos e pré-requisitos necessários e auxilia o planejamento dos professores.

Isa entendeu perfeitamente e cuidou de demonstrar isso:

– É verdade, professora Marta. Você aplicou uma avaliação no início do semestre, agora me recordo. Eu nem havia me dado conta de que era uma avaliação diagnóstica, mas agora entendo. E entendo também por que não valia nota!

Isa viu a professora Marta sorrir, da mesma forma que fazia em sala de aula quando um dos estudantes demonstrava que havia entendido um ponto que ela tentava explicar!

– Sim! E veja só como é comum confundir avaliação com nota. Mas voltemos aos conceitos. A avaliação somativa é a mais tradicional. Nesse modelo, a ação de ensino não existe mais, ela já ocorreu, como, por exemplo, a realização de uma prova ou trabalho no final do semestre ou do curso. Não há mais tempo para salvar nada, nem do ponto de vista da aprendizagem do aluno, nem para o professor rever sua prática. É uma atividade

> *A avaliação somativa é a mais tradicional. Nesse modelo, a ação de ensino não existe mais.*

fatal, quase um atestado de óbito, se tudo correu mal! Mas qual é o seu objetivo? Seu objetivo é classificar os estudantes e fornecer ao docente elementos para julgar os discentes no final de um período de aprendizagem e tomar a decisão quanto à aprovação ou reprovação.

– Nunca tinha pensado por essa perspectiva. Assim, dessa forma, parece quase cruel.

– Mas é mesmo, Isa. Aliás, um dos pontos para que nos sintamos assim é a nossa dificuldade para enfrentarmos julgamentos. Outro ponto é a confusão que costumamos fazer entre o nosso valor pessoal e a nota que nos é atribuída. O que se julga é o desempenho, e não a pessoa ou o seu valor.

Isa sempre gostara da forma como a professora Marta tratava questões difíceis. Pensou como ela mesma já se sentira mal com notas baixas, como se essas notas fossem um demérito, um sinal de seu pouco valor. Mas a professora logo continuou, interrompendo o seu pensamento:

– E um último ponto é o fato de que a avaliação, historicamente, tem sido utilizada como uma forma de punição, um meio de se exercer autoridade e manter a disciplina.

Isa anotou esses pontos no caderno de notas. Precisava voltar a essa questão e pensar nisso mais tarde. Voltou a prestar total atenção na professora.

– Mas, para mediar essa avaliação e auxiliar na tomada de ações corretivas, o ideal seria a avaliação formativa ou mediadora, também conhecida como processual. Esse tipo de avaliação serve ao educador como instrumento para adequar, sempre que necessário, sua prática. Por outro lado, propicia ao estudante a oportunidade de ser avaliado em todo o processo, e não somente no final do período. Ademais, essa modalidade de avaliação requer uma mudança de postura do professor no que concerne ao seu comportamento quanto aos erros e acertos do estudante.

> *A avaliação formativa ou mediadora, também conhecida como processual. Esse tipo de avaliação serve ao educador como instrumento para adequar, sempre que necessário, sua prática.*

De acordo com essa nova visão, o erro é considerado uma informação importante sobre o processo de desenvolvimento do estudante e não é passível de punição com notas. O significado essencial da avaliação mediadora é atentar-se ao "processo de desenvolvimento" dos estudantes, procurando conhecê-los melhor, propondo-lhes oportunidades para se ajustarem a cada passo do processo.[4]

Isa não se conteve:

– Professora Marta, será que os outros professores sabem disso?

As duas riram. Era bom se sentir com liberdade para abrir o coração com uma professora. "Na verdade", pensou Isa, "a professora Marta era mais do que isso: era um modelo e uma mentora". Mas, sem perder a irreverência, a elegância e a seriedade, a professora Marta ponderou:

– Isa, para mudar essa realidade, será necessário percorrer um longo caminho. Como lhe disse, há aspectos históricos que pesam para que estejamos nesse "estado de coisas". Mas já começamos uma mudança! Além disso, existem diferentes enfoques, como os exames externos à instituição, por exemplo, o ENADE e os Exames de Suficiência, no caso dos cursos de contabilidade e direito, que têm propósitos distintos das avaliações internas. Embora esses exames tenham um caráter somativo, sua relevância é grande no sentido de permitir a comparação de rendimento acadêmico entre estudantes de diferentes lugares, instituições e formações. Aliás, existe uma infinidade de usos dos indicadores de rendimento acadêmico, dentro e fora das instituições escolares. Veja!

Isa notou novamente que a professora Marta, à medida que falava, escrevia novamente em um papel. "Era uma lousa imaginária!", pensou. Pensou também que seria uma mania dela, ou de professor, sei lá. Mas voltou ao que interessava, que

> *Existem diferentes enfoques, como os exames externos à instituição, como o ENADE e os Exames de Suficiência, no caso dos cursos de contabilidade e direito, que têm propósitos distintos das avaliações internas. Embora esses exames tenham um caráter somativo, sua relevância é grande no sentido de permitir a comparação de rendimento acadêmico entre estudantes de diferentes lugares, instituições e formações.*

era uma figura um tanto complexa que ia surgindo enquanto a professora deixava a caneta correr sobre o papel:

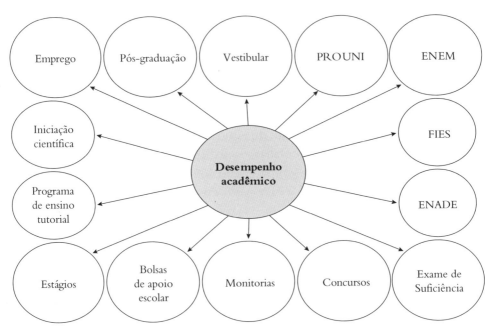

Figura 2. Usos das medidas de desempenho acadêmico

Isa se surpreendeu com a quantidade de fatores e de decisões que influenciavam, de alguma forma, o desempenho acadêmico, que ocupava uma posição central na figura que a professora desenhou (veja a Figura 2). Isa não se conteve:
– Nossa, professora, tudo isso!!?? Nunca havia imaginado que o desempenho acadêmico pudesse ser tão importante na vida de um estudante. Pelo visto, um bom desempenho abre inúmeras oportunidades, dentro e fora da universidade!
– Concordo plenamente! E digo mais: o esforço que você faz para obter um bom desempenho hoje repercutirá por sua vida afora, tanto no âmbito profissional quanto no âmbito pessoal! Você é uma excelente estudante, que pode e poderá se beneficiar dessas várias oportunidades e de outras que existem e que não incluí nessa figura.
Novamente o rosto de Isa se iluminou. Marta se pegou pensando em como essa moça era automotivada: sua curiosidade era como um farol que iluminava seu caminho e se mostrava a cada questão que a desafiava ou lhe oferecia uma resposta para suas inquietações.

> *O esforço que você faz para obter um bom desempenho hoje repercutirá por sua vida afora, tanto no âmbito profissional quanto no âmbito pessoal.*

– Como é bom ouvir isso, professora, porque as conversas com o Paulo, vez ou outra, me desanimam...

Avaliação, desempenho ou rendimento?

A professora Marta franziu o cenho, estranhando essas palavras. Sabia que Paulo e Isa eram muito amigos. Mas muito amigos mesmo! Eram praticamente inseparáveis. Não conseguia imaginar por que ele teria dito algo que pudesse desanimá-la. Mas sentiu que, naquele momento, esse não era o foco. O importante era animá-la, dar-lhe apoio.

– Então, não dê ouvidos a ele! Acredite em si mesma e tenha foco! Alguns fatores importantes no desempenho são a autodeterminação e a autorregulação, e ambos estão relacionados com definir um foco e persegui-lo.

> *Alguns fatores importantes no desempenho são a autodeterminação e a autorregulação, e ambos estão relacionados com definir um foco e persegui-lo.*

– É verdade! Preciso focar mais!

Isa ficou curiosa em saber mais sobre o que seria exatamente autodeterminação e autorregulação. Anotou os dois termos em seu caderno porque sabia que já havia tomado muito tempo da professora e havia ainda dois pontos sobre os quais queria comentar.

– Professora Marta, às vezes, fico me perguntando se o ensino desta faculdade me ajudará a ganhar a bolsa. Eu acho que a escolha, de estar aqui nesta instituição, é importante, você não acha? Será que as características dela me favorecem?

Marta ficou pensativa. O seu estudo e pesquisa eram mais dedicados a examinar fatores relacionados aos estudantes. De repente, lembrou-se de quem poderia ajudar Isa em relação aos fatores institucionais e ao curso. Sorriu e falou:

– Bem, eu acho que sim, mas essa não é exatamente minha área de estudo.

Isa ficou com uma expressão desanimada, quando baixou o olhar. Mais do que depressa, Marta complementou, assertivamente:

– Mas sei quem poderá te ajudar! A professora Raquel, coordenadora do curso, que, com certeza, conhece bastante e lida diariamente com os chamados atributos institucionais.

Isa sorriu, animada novamente. Nada sabia sobre esses tais fatores institucionais e como eles poderiam afetar seu foco em conquistar aquela bolsa. Mas sabia, claramente, que poder contar com professoras como Raquel e Marta era um grande peso a seu favor. Despediu-se da professora, agradecendo muito toda a sua ajuda e já agendando uma próxima conversa. Queria pesquisar, ler e refletir um pouco para formular perguntas mais específicas da próxima vez.

Marta também sorriu. Sentiu vontade de abraçar aquela moça. "Depois de tudo que passara na vida, era muito especial que fosse capaz de alimentar sonhos e perseguir seus objetivos!", pensou ela. Nesse momento passou um filme, em frações de segundos, na cabeça de Marta, que se lembrou de quando Isa iniciou seu curso de graduação. Logo nos primeiros dias apresentava um comportamento diferente, não se integrava com os outros colegas e ficava sempre caladinha em sua carteira. Até que um dia a professora Raquel a encontrou chorando copiosamente em um

Capítulo 2

cantinho da área de convivência da faculdade. Aproximou-se, tentou conversar, mas Isa não se abriu. Resolveu, então, entrar em contato com a família da aluna. Dona Glória, mãe de Isa, compareceu à instituição e teve um diálogo com alguns professores do curso que estavam presentes na sala. Ela contou um pouco sobre a história de vida de Isa e o que ela estava enfrentando no momento. Diante daquela narrativa, todos os professores se sensibilizaram.

Raquel chegou a conversar com alguns colegas de sala de Isa e pedir que eles dispensassem atenção especial à colega, para que ela não ficasse tão isolada, em um momento tão sensível. Paulo era colega de sala de Isa e trabalhava em uma indústria de balas e chocolates. Logo depois da conversa da professora Raquel com a Dona Glória, e de Raquel com a turma, ele resolveu se aproximar de Isa. Paulo tinha um grande coração e gostava muito de ajudar as pessoas e de fazê-las sorrir. Ali nascera a amizade entre Paulo e Isa. Era por isso que Marta não entendera o fato de agora ele assumir uma postura contrária a um sonho como aquele que Isa nutria.

Ao voltar desses pensamentos, Marta decidiu que faria o que estivesse ao seu alcance para ajudar Isa. Pois em sua vida profissional, ela mesma, muitas vezes, havia sido desencorajada por colegas a perseguir avanços na carreira. Decidiu conversar com a professora Raquel. Ambas deveriam apoiar Isa. Não há quase nada que a solidariedade não possa compensar em um mundo que pode ser, por vezes, tão desencorajador! Caminhou determinada em direção ao seu carro, já procurando na agenda do celular o telefone da colega.

– Alô, Raquel! Está bem, amiga? Você se lembra da aluna Isa, do sétimo período do curso de Ciências Contábeis?

– Olá, Marta! Tudo bem e você? Claro que me recordo!

– Hoje ela me procurou. Conversamos bastante e senti que ela realmente precisa de um "apoio especial"!

– Como assim, Marta!? Me explique melhor.

– Ela sonha em fazer pós-graduação no exterior! Acho que devemos ajudá-la a conquistar esse sonho! Nós deveríamos ajudá-la a superar os desafios que surgirem pela frente. Eu vou te contar...

Enquanto dirigia rumo a sua casa, conversava com a colega no viva-voz. Enfim, um sonho bom é um sonho "que se sonha junto". Pensava... Raquel gostou muito da ideia e se comprometeu com a amiga a buscar todos os meios para ajudar Isa na concretização de seu sonho.

3 As variáveis institucionais interferem no desempenho acadêmico?

Capítulo 3

Após a reunião com a professora Marta, Isa estava intrigada com uma pergunta: Será que as características da instituição podem afetar o desempenho acadêmico? Ansiosa, ela começou a pesquisar sobre as variáveis institucionais. Mas Isa sabia que procurar a professora Raquel seria a decisão mais acertada. Todos na instituição a respeitavam. Ela era a coordenadora do Curso de Ciências Contábeis e também ministrava aulas de Contabilidade Tributária. Apesar de seu semblante quase sempre sério e fechado, como se estivesse brava mesmo, ela era uma pessoa muito competente e os alunos procuravam suas orientações sempre que tinham dúvidas sobre o curso. Ela sempre estava em contato com os professores e os estudantes. Inclusive, periodicamente, visitava as salas de aula para ouvir e acompanhar as atividades do curso. Então, Isa resolveu que, sim, procuraria a professora Raquel. Passou pela secretaria e verificou os horários de atendimento da coordenação. Fez um agendamento. Sabia que a professora era muito organizada e tinha muitas atividades. Portanto, decidiu seguir o procedimento padrão.

No dia seguinte, quinze minutos antes do horário de seu agendamento, Isa lá estava, ansiosa, aguardando o atendimento. Viu quando a professora chegou à coordenação, falou rapidamente com o secretário do curso, Luís, e entrou em sua sala, não sem antes lhe sorrir e dizer:

– Olá, Isa, que prazer recebê-la!

Isa ficou surpresa. A recepção por parte da professora Raquel fez com que ela até suspirasse aliviada. "Parece até que a professora sabe por que eu estou aqui", pensou. "E parece também que essa conversa será mais fácil do que eu imaginei." Sorriu de volta, um sorriso aberto e aliviado, e se levantou, dirigindo-se à sala da professora.

A sala da professora Raquel era diferente dos outros ambientes da faculdade. Havia uma mesa grande, com um computador bem moderno. Outra mesa redonda, para reuniões, próxima à janela, com um lindo arranjo decorativo no centro. Havia, ainda, alguns quadros com paisagens em tons "pastéis". Em um aparador, a professora mantinha uma garrafa com água quente, uma caixa com sachês de chá e xícaras. Parecia que tudo fora pensado para fazer a pessoa se sentir acolhida e à vontade. Isa percebeu um armário na lateral da sala, mas o que chamou sua atenção foram as fotos que estavam expostas. Com certeza, era a família da professora Raquel: o companheiro, os filhos e uma criança bem pequena, que parecia um netinho. Em seu íntimo, Isa pensou: "Que interessante! A professora Raquel é diferente da pessoa séria e fechada que aparenta ser. Esse ambiente mostra o quanto ela é afetuosa e ligada à família." Novamente, sem perceber, sorriu, um sorriso ainda mais aberto. Raquel se surpreendeu com o quanto o rosto de Isa se iluminava quando sorria. Indicou a mesa redonda para se sentarem. As duas se acomodaram, bem em frente uma da outra. Raquel ofereceu um chá para Isa, enquanto também se servia de uma xícara. Isa se sentia cada vez mais à vontade. Enquanto servia o chá, a professora falou:

As variáveis institucionais interferem no desempenho acadêmico?

– Isa, a professora Marta me contou que você quer concorrer ao concurso para a bolsa de estudos internacional. Fiquei muito feliz! Acreditamos muito em seu potencial e a Faculdade quer te apoiar nesse desafio!

Raquel ia, mentalmente, confirmando as impressões compartilhadas por Marta. E pensou: "Marta está certa, precisamos ajudar nossa aluna! Ajudando-a, ainda estaremos contribuindo para manter a qualidade e o nome de nossa Faculdade. Mas, sobretudo, estaremos cumprindo nosso papel de formadores, de semeadores de talentos! Afinal, não é isso que são os professores: jardineiros que fazem florescer as sementes?".

O coração de Isa se aqueceu sem precisar daquela réstia de sol que entrava pela ampla janela. De repente, o sol do entardecer ganhou ainda mais cores para Isa. Ela sorriu novamente, com os olhos brilhantes, e respondeu:

– Então, professora Raquel, o motivo dessa nossa reunião é justamente o concurso de bolsas. Estou muito empenhada em atingir meu objetivo, em vencer esse desafio: Eu quero ganhar a bolsa e cursar o mestrado na Escócia! Para tanto, sei que preciso me preparar, pensar e agir estrategicamente e, assim, eu gostaria de entender quais são os fatores que impactam no meu desempenho para que eu possa focar e ter o máximo rendimento possível!

Raquel sorriu. Era bom ver uma jovem estudante tão motivada. E ainda mais pensando estrategicamente...

– Sua determinação é muito importante, Isa! É um fator diferencial, mas não é o único. Há muitos outros que influenciam o desempenho dos estudantes.

– Professora, eu pesquisei algumas das variáveis que afetam o desempenho acadêmico, pois, assim, acredito que conseguirei melhor rendimento. Como sabe, vou concorrer com vários alunos, de diversas instituições de ensino, instituições públicas e privadas, localizadas em várias cidades do estado. Minhas dúvidas estão relacionadas a como as características da instituição de ensino podem afetar o desempenho acadêmico. E foi sobre esse assunto que a professora Marta recomendou que eu conversasse com você.

Raquel sorriu pensativa. Olhou atentamente para Isa e, como sempre fazia, não respondeu prontamente, preferindo retornar com outra pergunta.

– Isa, antes de te responder, fale-me um pouco mais de suas pesquisas. O que você considerou como "características da instituição de ensino"?

Isa sentou mais ereta na cadeira e colocou as mãos na mesa. Estava muito contente que a professora considerasse na conversa as suas pesquisas. Já percebera que a professora Raquel, assim como a professora Marta, construiria a conversa em torno dos conhecimentos que ela já tinha. Não a tomaria como uma "tábula rasa", um vaso que precisava ser preenchido. Isa tinha predileção por professores com essa postura.

– Bom, fiz algumas pesquisas e constatei que o tamanho da turma, a estrutura das salas de aula e a biblioteca são variáveis institucionais importantes. Mas imagino que existem outras características além dessas.

Capítulo 3

Raquel estava cada vez mais impressionada com a jovem. "Ela realmente fizera o dever de casa, como Marta disse que faria", pensou Raquel. Tomando um golinho de seu chá, cuidou de sorrir de volta para ela e cumprimentá-la pelo esforço de pesquisa.

– Muito bom, Isa! Você apontou variáveis relevantes que são de responsabilidade das instituições de ensino superior e que, com certeza, podem afetar o desempenho acadêmico de seus estudantes. Mas, de maneira geral, esses determinantes podem ser classificados em duas categorias: **infraestrutura escolar** e **organização escolar**. Tenho feito algumas pesquisas sobre tais variáveis, e verifiquei que os resultados dos estudos sobre o tema são bastante divergentes. Mas existem evidências de que há, sim, uma relação entre o ambiente escolar e o desempenho dos estudantes.

> *Existem evidências de que há, sim, uma relação entre o ambiente escolar e o desempenho dos estudantes.*

Isa estava cada vez mais curiosa sobre essas variáveis e tomou nota em seu caderno. Ela se surpreendeu que a professora não estivesse utilizando uma "lousa imaginária" como teria feito a professora Marta. Em vez disso, ela segurava com as duas mãos a xícara de chá, como se estivesse aquecendo as mãos enquanto falava. Isa queria mais informações sobre essas categorias. Sem se conter, interrompeu a professora com uma pergunta:

– Professora Raquel, o ambiente de estudo está incluído entre os fatores considerados na infraestrutura escolar?

Raquel gostou do interesse de Isa por saber mais. Era essa disposição que fazia diferença entre os estudantes: uma atitude ativa em relação à construção do conhecimento era essencial! Isa demonstrava ter essa atitude.

– Sim, Isa. A estrutura é um conjunto constituído "pelos recursos físicos da instituição educacional, isto é, a adequação das salas de aula, laboratórios, bibliotecas, banheiros, equipamentos e condições de uso desses espaços", visto que estudantes de cursos com melhores estruturas obtêm rendimentos acadêmicos superiores. Leia este artigo que trata sobre esse assunto![1] Irá esclarecer bastante!

Isa anotou a referência do artigo indicado. Queria ler, pois ele não estava entre os que havia encontrado em sua pesquisa. Com certeza, essa referência traria outras que também seriam importantes. Decidiu ainda compartilhar com a professora a sua experiência e a de colegas. A professora havia realmente conseguido fazê-la se sentir à vontade.

– Sabe, professora Raquel, eu desconfiava disso. Comentei ainda ontem com meu colega Paulo que os laboratórios e bibliotecas são, com certeza, muito importantes para o bom desempenho dos estudantes. Paulo me disse que a preocupação dele diz respeito à infraestrutura das salas de aula, principalmente os recursos tecnológicos disponibilizados. Ele gosta muito de tecnologia. Ele vive ajudando os professores com o projetor e os aparelhos de som.

As variáveis institucionais interferem no desempenho acadêmico?

Raquel sorriu, sem perceber. Marta havia dito o quanto Isa era amiga desse rapaz, o Paulo. Mas havia dito que ele tivera uma reação estranha diante do sonho dela de concorrer à bolsa! Decidiu não comentar e esperar que ela trouxesse esse assunto à baila.

— Isa, Paulo tem razão. A estrutura das salas de aulas em um curso é muito importante, pois a maioria das aulas é oferecida nesse ambiente. Os recursos tecnológicos e as instalações são primordiais para que os professores possam aplicar novas estratégias de ensino, inclusive metodologias ativas de aprendizagem.

Isa fazia algumas anotações enquanto a professora Raquel explicava. Já cuidava de registrar todas essas informações em seu diário. Raquel aguardou em silêncio que Isa terminasse seus registros, admirada com a seriedade e o cuidado com que ela estava tratando o assunto. "Foco não lhe falta!", pensou. Após alguns instantes de silêncio, perguntou:

— Isa, me diga! Você acha que a localização do aluno na sala de aula tem alguma relação com o rendimento acadêmico? Ou seja, se ele se senta mais à frente, no meio ou no fundo da sala?

A pergunta pegou Isa de surpresa. Nunca havia pensado nisso. Refletiu um pouquinho, tentando se lembrar de algum artigo ou livro, acerca desse assunto, que tivesse lido. Não encontrou nada, mas respondeu, tentativamente:

— De verdade, professora, eu nunca havia pensado sobre isso e não me lembro de ter lido nada sobre esse assunto. Mas, considerando como exemplo meus colegas de turma, percebo que aqueles que se sentam no fundo da sala, "o pessoal de trás", "a turma do fundão"...

Isa ficou sem graça. Esse termo "turma do fundão" não era nada acadêmico. Olhou constrangida para a professora, que continuava interessada, sem parecer se importar com o termo. Isa decidiu continuar.

— Bem, professora, eles normalmente se dispersam mais durante as aulas. Sinto que eles não interagem tanto com os professores durante as explicações. É claro que não são todos, não quero fazer injustiças. Mas boa parte deles, sim. Parece que escolhem o lugar em que se sentam por isso, para serem menos vistos e poderem ficar ali, mais distantes do professor. Acho que isso talvez afete o rendimento acadêmico deles. Mas não tenho certeza. É apenas uma impressão que surgiu da minha experiência em sala de aula.

Raquel sorriu, lembrando-se do termo "turma do fundão". Pensou em quanto os professores reclamavam do "fundão". Mas estava curiosa e decidiu perguntar:

— E você, Isa, qual sua localização na sala de aula?

Isa ficou espantada com a pergunta. Achara que a professora não valorizaria a experiência pessoal, mas era exatamente o contrário. Ela parecia valorizar bastante. Tratou de responder sendo o mais sincera possível.

— Professora, eu prefiro me sentar nas primeiras fileiras, próximo ao professor ou à professora. Sinto que sentar mais à frente faz com que eu preste mais atenção

Capítulo 3

à aula e consiga participar ativamente. Você já deve ter percebido que eu gosto de fazer perguntas e muitas anotações!

Raquel sorriu novamente. Ela sabia que, na sala, Isa se sentava nas primeiras fileiras, pois Isa era aluna dela na disciplina de Contabilidade Tributária. A relação entre o local em que o estudante se senta e o desempenho era um assunto que lhe interessava muito. Quase que intuitivamente, adotou um tom mais acadêmico com Isa ao responder.

– Isa, sobre a localização do discente na sala da aula, existem alguns estudos nacionais[2] e outros internacionais[3] que trazem evidências empíricas sobre a relação entre a localização espacial na sala de aula e o desempenho acadêmico. Os alunos que se sentam mais atrás apresentam médias estatisticamente inferiores aos alunos que se colocam mais à frente. Mas, como você mesma disse, isso não é uma regra geral. Existem estudantes que se posicionam mais atrás na sala de aula com bons rendimentos, bem como o inverso também acontece.

Isa anotou as referências nacionais e internacionais citadas pela professora em seu caderno. Raquel, mais uma vez, se admirou com essa moça tão jovem e tão focada. Ela também fez um registro, mas de forma "mental". Lembrou-se nesse momento da história de vida de Isa relatada por Dona Glória há alguns anos. Mas, logo, tratou de voltar a prestar atenção em Isa, que falava, quase que para si mesma, enquanto terminava suas anotações.

– Interessante que a localização do discente na sala de aula tenha interferência no desempenho acadêmico. Eu não havia pensado nisso. Vou conversar com meu colega Paulo. Ele sempre gosta de se sentar ao fundo da sala. Ele é tímido e acha que ocupar as primeiras fileiras incentiva os professores a buscarem sua participação.

Repentinamente, Isa parou de anotar. Pareceu, por alguns momentos, pensar sobre algo. Raquel esperou. Sabia que viria algum questionamento.

– Sabe, professora Raquel, na minha opinião, os professores poderiam mudar a distribuição das cadeiras, o formato da sala de aula. A professora Marta e o professor Beto já aplicaram várias atividades com a disposição das cadeiras em círculo. Acho que cria um ambiente mais dinâmico, que propicia mais o desenvolvimento do diálogo, fazendo com que a aula fique mais interativa, tanto entre os alunos e o professor, quanto entre os próprios estudantes.

Raquel novamente se surpreendeu com as relações que Isa ia construindo entre as informações que recebia e as suas vivências e experiências. Sorriu afirmativamente, enquanto dizia:

– Você tem razão, Isa. A composição de um ambiente de aprendizagem tem por objetivo potencializar a forma como o processo de aprendizado dos discentes se desenvolve. Quanto mais agradável, interativo e construtivo for o ambiente, melhores serão o desenvolvimento e o aprendizado. Aqui na nossa instituição, já estamos trabalhando em um projeto com os professores sobre novas estruturas de sala de aula para o suporte às dinâmicas e metodologias ativas de ensino. A disposição modular tira a centralidade da figura do professor, permite maior interatividade entre estudantes e professores, deixando-os face a face, o que facilita a exposição de opiniões e a troca de conhecimentos sobre os conteúdos estudados.

O rosto de Isa novamente se iluminou ao exclamar:

– Que legal! Adoro coisas novas!!!

Isa já imaginava as novas salas de aula com formatos dinâmicos quando se lembrou de outra questão.

– Professora Raquel, considerando as turmas com grande quantidade de alunos, qual o formato das salas de aula que a instituição pensa usar? Na disciplina de Contabilidade Tributária, por exemplo, temos cerca de 80 alunos na sala...

A professora Raquel se remexeu na cadeira, um pouco desconfortável. Essa era uma pergunta difícil. Ela já vinha refletindo sobre esse tema há bastante tempo. Vivenciava esse dilema na prática, pois era ela que ministrava a disciplina de Contabilidade Tributária. A disciplina apresentava uma taxa de reprovação alta e a instituição não dispunha de espaço físico e professores para dividir as turmas. A professora sabia que, em turmas com muitos estudantes, a interação no processo ensino-aprendizagem era mais difícil, o que afetava o desempenho acadêmico, com certeza. Para complicar a situação, Isa ainda complementou a pergunta:

– Tenho uma amiga que estuda em outra instituição de ensino. Faz o curso de Administração. Ela me disse que lá o máximo de alunos por turma é 40, não mais que isso. Me parece que é melhor... Aliás, professora Raquel, o tamanho da turma afeta o desempenho acadêmico?

Raquel tentou ganhar tempo. Sabia que precisava responder, que não devia se esquivar da pergunta. Queria dar à Isa informações mais completas sobre o novo planejamento que estava propondo à instituição. Então, ela começou, pausada e cuidadosamente, a propor:

– Isa, o tamanho da turma é uma variável que pertence à dimensão da organização escolar, para a qual também temos o Projeto Pedagógico do curso. Mas o meu tempo se esgotou. Preciso ir para a sala de aula. Não quero iniciar uma conversa que não teremos tempo para concluir adequadamente. Vamos continuar nossa conversa amanhã nesse mesmo horário? E, por falar nisso, você conhece o projeto pedagógico do nosso curso?

Isa estava intrigada com aquela pergunta. Sabia que cada curso tinha um projeto pedagógico, mas não conhecia o projeto de seu curso e por isso respondeu:

– Não conheço, professora. Posso ter acesso a ele?

Raquel sorriu e respondeu prontamente:

– Sim, ele fica disponível no *site* da instituição. Gostaria de lhe pedir que fizesse uma leitura do projeto, pois amanhã conversaremos sobre ele.

Viu que Isa anotava prontamente esse pedido em seu caderno. Pelo interesse que demonstrou sobre o assunto, Raquel tinha certeza de que a estudante faria a leitura. Após concluir a anotação, Isa agradeceu à professora Raquel e saiu satisfeita

Capítulo 3

da reunião. Havia percebido que as variáveis institucionais eram relevantes e poderiam afetar o desempenho acadêmico. No corredor da faculdade, encontrou Paulo caminhando apressado com alguns colegas do 2º período.

— Boa noite, Paulo! Tudo bem?

— Oi Isa, boa noite! Vamos ali com a gente?

— Sim, onde estão indo?

— Nossos colegas do 2º período estão precisando de ajuda. Júlio, o rapaz cadeirante, precisa de ajuda para ir para a sala de aula. Como não há elevador nesse prédio, três colegas o auxiliam, mas hoje um deles faltou, por isso pediram que eu ajudasse.

Isa ficou incomodada com aquela situação, mas acompanhou os rapazes em silêncio refletindo sobre a cena que estava presenciando. Junto ao primeiro lance de escadas estava Júlio, todos o cumprimentaram com alegria e satisfação. Dois ajudaram a carregar Júlio, o Paulo já ia levando a cadeira, mas Isa fez questão de ajudar. Depois que deslocaram Júlio, Isa e Paulo desceram as escadas novamente, pois a sala do 7º período era no térreo.

Após alguns minutos, Paulo quebrou o silêncio.

— Parece incomodada, Isa...

— Sim, Paulo, estou. Fiquei consternada com a situação do Júlio. Ele já deve enfrentar tantas dificuldades no dia a dia e, aqui na faculdade, ainda tem que passar por essa situação. Deve ser constrangedor para ele. Penso que a instituição deveria estar mais bem adaptada para pessoas portadoras de deficiências...

— Verdade, Isa. Esses dias ele estava me falando que, às vezes, pensa até em desistir do curso. Segundo ele, sempre tem colegas solidários, que o ajudam. Mas contou que um dia chegou atrasado e todos já haviam entrado. Ele acabou perdendo os primeiros horários esperando aqui embaixo. Só pôde subir quando os colegas desceram no intervalo e o viram...

— É, Paulo, um elevador aqui no prédio faria toda diferença para Júlio e para outros cadeirantes... Eles têm direito a estruturas mais bem adaptadas às suas necessidades!

Ambos ficaram quietos, pensando na injustiça dessa situação. Depois de alguns minutos, para descontrair e sair daquele clima pesado, Isa tratou de mudar o rumo da conversa.

— Mas, mudando de assunto, como foi o trabalho hoje?

— Um pouco cansativo. Tivemos várias reuniões. Recebemos a empresa de auditoria que prestará serviço este ano. Foi necessário separar vários documentos para análise. Os auditores pedem muita coisa. Tiram cada "defunto da cova"!

Paulo passou a mão na testa enquanto falava. Parecia cansado e preocupado. Mas Isa perguntou, sorrindo:

— O que é isso, Paulo? "Tirar o defunto da cova"?

— É o termo que usamos na empresa. Quer dizer que os auditores solicitam documentos e relatórios que já estão arquivados há muito tempo, coisas que imaginávamos que já estavam enterradas... Mas eles querem conferir... Aí temos de desenterrar!

Os dois riram da expressão que retratava tão bem a situação.

– Conheço muitas expressões populares. Mas essa, confesso que não conhecia.

– Então anote aí no seu caderninho! A propósito, você parece estar muito bem hoje.

– Sim, estou contente porque "hoje eu lavei a égua".

Isa sorriu, vendo a curiosidade estampada no rosto de Paulo.

– Lavou a égua? O que é isso? Está trabalhando no hipódromo? (Risos)

Ambos riram de pensar nessa situação tão diferente! Paulo sabia que Isa cuidaria de explicar o significado da expressão.

– Claro que não! Lavar a égua é uma expressão que significa que tive muitos "lucros"! Ela surgiu nos garimpos que existiam em Minas Gerais no século XVIII. Como o ouro era transportado em cavalos, das minas até a capital, os escravos pegavam o ouro em pó e o esfregavam no pelo do cavalo. Após descarregar a carga, era a hora de literalmente lavar a égua e pegar o ouro que, nesse caso, era roubado dos donos do garimpo.[4]

– Interessante! Mas qual foi o seu "ouro"?

– Marquei uma reunião com a professora Raquel, pois queria entender como os fatores relacionados à instituição poderiam ajudar no desempenho dos alunos.

Paulo a interrompeu, parecendo contrariado. Realmente, Isa não conseguia entender o porquê dessa reação de Paulo, que sempre a apoiava em seus projetos. Paulo, por sua vez, não entendia a insistência de Isa com o assunto. Não queria vê-la decepcionar-se com algo novamente. Colocou uma das mãos na testa, demonstrando desânimo.

– Você não desiste mesmo, hein, menina! E como ela te recebeu? Ela parece muito brava e sempre ocupada. Às vezes, tenho até medo dela!

Isa recuou um pouco. Parece que o amigo estava mesmo querendo desanimá-la de seu projeto. "Será que Paulo acha que é um desafio grande demais para mim?", Isa pensou. Tratou de responder, mas o tom não trazia mais o mesmo ânimo de antes.

– Que nada. Ela me recebeu muito bem, conversamos bastante. Preciso te passar algumas informações importantes sobre o desempenho acadêmico. Descobri que até nossa posição espacial na sala de aula pode influenciar no desempenho. A turma do "fundão" tem um desempenho pior que a turma da frente.

Paulo deu uma risada, quase descrente...

– Só faltava essa! A localização do aluno na sala influenciar no desempenho! Francamente, Isa! Então, eu estou perdido: só sento no fundão.

Isa sentiu que seu rosto ficava vermelho. Não sabia se de vergonha ou de raiva. Sempre se decepcionava quando o colega assumia aquele tom descrente e descortês. Abaixou o tom da voz, respondendo cuidadosamente:

– É verdade, Paulo. A professora Raquel disse que já existem estudos que evidenciaram esses resultados.

Paulo continuava com aquele ar descrente e pareceu ficar ainda mais distante.

Capítulo 3

– Hum... Que estranho! Não acredito muito nisso, Isa.

Paulo acenou com a mão, como que afastando o assunto, e continuou:

– O que me interessa é saber sobre a quantidade de alunos na sala de aula. Você perguntou à professora Raquel sobre essa questão? Está insuportável assistir às aulas de Contabilidade Tributária com 80 alunos na sala. Muita conversa. Não consigo ouvir a explicação nem tirar dúvidas com a professora.

Isa ficava um pouco irritada quando o amigo lhe colocava naquela situação, de ter que responder às perguntas dele. Mas respondeu educadamente, tentando esconder sua irritação.

– Perguntei, sim, Paulo. Ela disse que conversará comigo sobre isso amanhã. De verdade, pareceu-me que a coordenadora já está verificando essa questão.

Paulo sorriu de um modo diferente, quase cínico. E pensou consigo mesmo: "Duvido que ela esteja."

– É, não sei se esse assunto poderá esperar até amanhã...

Isa ficou preocupada. Havia achado a professora muito séria e solícita. "Será que os estudantes haviam tomado alguma decisão no sentido de pressionar a coordenação?", pensou e decidiu perguntar:

– Como assim, Paulo? Você está sabendo de alguma coisa?

O amigo levantou os olhos e lhe disse:

– Ouvi vários colegas de sala conversando. Eles farão uma manifestação hoje, um "tipo de greve". Eles não entrarão na sala para assistir às aulas da matéria. Ficarão todos fora da sala, com cartazes.

Paulo viu o rosto de Isa se transformar. Ela parecia realmente preocupada.

– Nossa! Será que uma atitude dessas ajudará a resolver essa questão?

Paulo sabia que Isa não gostava de confrontos: ela preferia a conciliação. Mas ele mesmo achava que havia chegado a hora de pressionar:

– Não sei, mas gostei da ideia! A instituição saberá que estamos insatisfeitos com a quantidade de alunos na turma e que isso está interferindo no nosso aprendizado.

Apesar de contrariada, Isa teve que concordar com Paulo. O ambiente interno na sala de aula tinha impacto no rendimento acadêmico dos alunos. De qualquer forma, ela gostaria de esperar a conversa com a professora Raquel já no dia seguinte para entender melhor o assunto.

Chegaram à sala. De fato, todos os colegas estavam do lado de fora, no corredor, o que gerava muito tumulto. Isa percebeu que a manifestação realmente aconteceria. Ela e Paulo aderiram ao movimento, decidindo acompanhar a maioria, pois o pleito era mais do que justo.

Quando a professora Raquel chegou à sala de aula, teve uma surpresa: todos os alunos estavam no corredor. Uma das alunas foi prontamente conversar com ela. Explicou que eles não assistiriam às aulas da disciplina com aquela quantidade de alunos na sala. Eles consideravam que estavam sendo prejudicados e, por isso, estavam preocupados com o baixo rendimento acadêmico.

As variáveis institucionais interferem no desempenho acadêmico?

A coordenadora não tratou de responder rapidamente. Ficou pensativa. Já estava refletindo sobre isso há bastante tempo e havia tentado passar sua preocupação à diretoria. Ela, inclusive, apresentara os relatórios de notas da disciplina, evidenciando o rendimento acadêmico dos alunos que, comparado com outras disciplinas, estava abaixo da média esperada.

De qualquer forma, como coordenadora do curso, tentou negociar com os alunos e pediu que assistissem à aula. Mas não teve sucesso em sua empreitada: os estudantes ficaram firmes em sua decisão e requisitaram uma posição da diretoria quanto ao desmembramento da turma. "Não posso deixar de dar-lhes razão!", pensou Raquel.

A professora Raquel não teve outra alternativa senão deixar a sala e procurar Hernesto, o diretor. Teve sorte, pois ele ainda estava na faculdade. Após alguns minutos, Hernesto recebeu a professora Raquel.

– Boa noite, Raquel! Algum problema?

– Boa noite, Sr. Hernesto. Sim, temos um problema sério. Algo sobre o qual eu já havia tentado alertar. A turma do 7º período do Curso de Ciências Contábeis fez uma manifestação. Eles não quiseram assistir às aulas da disciplina de Contabilidade Tributária hoje. A reclamação é de que a turma é muito numerosa. Lembra-se da fusão das duas turmas no início do ano? São mais de 80 alunos...

Hernesto encostou-se em sua cadeira e cruzou os braços, demonstrando contrariedade. Sabia que a tendência atual, em virtude do cenário de crise e restrições orçamentárias que o país estava enfrentando, era a contrária, ou seja, de incentivo à fusão das turmas. Mas também sabia que Raquel era atenta e não traria o assunto se não achasse a reivindicação legítima.

– Eu não entendo, pois já tivemos turma de até 100 alunos na disciplina de Ética e Responsabilidade Social.

Raquel juntou as mãos, quase em prece. Abaixou o tom de voz e, pausadamente, explicou:

– Bem, o impacto do tamanho da turma no rendimento depende da disciplina. A disciplina de Ética e Responsabilidade Social é uma disciplina teórica. O professor responsável trabalhou com aulas expositivas e algumas palestras com profissionais e especialistas. Dessa forma, os alunos conseguiram absorver o conteúdo e o tamanho da turma não afetou o desempenho dos estudantes. Por outro lado, na disciplina de Contabilidade Tributária, nós temos a parte prática, com a resolução de casos, debates, seminários. Já até tentei inserir simulações e dramatização, mas não tive condições devido à quantidade de alunos e em função do espaço da sala de aula. As turmas grandes inviabilizam a diversificação de técnicas de ensino que poderiam ser utilizadas pelo professor.

Hernesto sabia que um dos diferenciais da instituição era a adoção de metodologias ativas de aprendizagem no projeto pedagógico. Tanto as empresas empregadoras quanto os estudantes valorizavam essa característica da instituição. Para as empresas, era uma forma de trazer a vivência profissional para a sala de aula, o que contribuía

Capítulo 3

para desenvolver habilidades como trabalho em equipe, comunicação, argumentação, resolução de conflitos, entre outras. Para os estudantes, era uma possibilidade de aplicação do conhecimento. Como a maior parte dos cursos era ministrada no turno noturno, essa era uma forma de ajudar os estudantes a lutar contra o cansaço que, muitas vezes, os vencia em aulas puramente expositivas. A grande maioria dos estudantes era formada por trabalhadores-estudantes que conciliavam a formação no ensino superior com a atividade profissional em tempo integral. Hernesto tratou de contemporizar:

– Você, como professora da disciplina, já havia nos alertado sobre isso, eu sei. Mas acabamos tendo que adotar a decisão da fusão das turmas sem termos tempo de analisar o impacto dessa decisão em cada uma delas. Por outro lado, não queremos que as decisões institucionais afetem o desempenho dos estudantes. E estamos preocupados por que, em nosso projeto pedagógico, a proposta é a composição de turmas de 40 alunos, no caso de disciplinas de conhecimentos técnicos do curso. Esse é exatamente o caso da disciplina de Contabilidade Tributária.

Raquel sentiu que havia ganhado alguns pontos. Às vezes, uma crise precipita a necessidade de repensar decisões. Mas resolveu aproveitar a situação favorável para enfatizar mais alguns fatores.

– Sr. Hernesto, fiz algumas pesquisas e encontrei estudos que apontam que turmas menores podem ser vistas pelos alunos como um ambiente mais favorável para a interação e a participação em sala de aula. Algumas pesquisas indicam, inclusive, que turmas mais numerosas reduzem a aprendizagem quando comparadas com turmas menores. Ou seja, quanto mais numerosas as turmas, menor o rendimento acadêmico.[5]

Hernesto demonstrou admiração. "Realmente, essa professora tem conhecimento de causa!", pensou. E murmurou, quase como para si mesmo:

– Interessante! Muito interessante.

A professora continuou enfatizando sua posição como coordenadora:

– Mas foi preciso uma manifestação dos alunos para que, finalmente, eu pudesse ter essa conversa com o senhor sobre a situação. Esse é um alerta. O que será necessário acontecer para que tomemos uma decisão?

Hernesto pareceu pensar. Realmente, a professora havia enviado diversos e-mails e mesmo alguns relatórios. Mas ele havia protelado uma decisão que sabia que deveria ser tomada. Colocou-se mais ereto na cadeira, apoiou as mãos na mesa, e levantou-se:

– Não será necessário mais nada! Estou de acordo com o desmembramento da turma. Por favor, Raquel, veja os procedimentos referentes à disponibilidade de sala e horário de professores.

Sua fala tinha um tom de urgência. "Parece que finalmente ele entendeu a gravidade da situação", pensou Raquel. "Bem, antes tarde do que nunca!".

A professora Raquel se levantou prontamente. Parecia muito satisfeita com a decisão do diretor. Tratou de, antes de sair, frisar mais uma vez que seu compromisso

As variáveis institucionais interferem no desempenho acadêmico?

era com a qualidade e que tinha como meta que o Curso de Ciências Contábeis alcançasse nota 5 no ENADE. Enfatizou também a excelência de alguns dos alunos do curso que, em sua opinião, teriam condições de participar de processos competitivos de bolsa para a pós-graduação. Era claro que pensava em Isa. Raquel queria preparar o terreno caso Isa precisasse do apoio da instituição. Percebeu que o Sr. Hernesto ficou surpreso e contente com a informação.

Despediu-se do diretor e saiu da sala apressadamente, já pensando nas providências que teria que tomar e em como comunicar aos alunos sobre a decisão do desmembramento da turma. No entanto, quando chegou à sala de aula, notou que a sala estava vazia. Os estudantes haviam decidido ir embora. Ela olhou o relógio, apreensiva. Sim, havia passado mais tempo do que imaginara. Dirigiu-se para sua sala. Trabalharia no plano de desmembramento das turmas antes de sair da faculdade. Decidiu, ainda, que enviaria uma mensagem para os estudantes da turma de Contabilidade Tributária imediatamente. Como professora e como coordenadora. Depois de adiantar o plano e de enviar a mensagem aos estudantes, aprontou-se para ir para casa. Estava cansada, mas com o sentimento de dever cumprido. Era hora do merecido descanso.

Longe dali, Isa ainda estava acordada, estudando, quando ouviu o som de entrada de uma mensagem nova na caixa do correio eletrônico. Era uma mensagem da professora Raquel tratando do desmembramento da turma. Isa sorriu, cada vez mais admirando o esforço e a dedicação da professora. Percebeu que Raquel saíra da manifestação decidida a resolver a situação. Ela fora uma das poucas que apoiara esperar o retorno da coordenadora da reunião a ser realizada com o diretor. Mais uma vez, Paulo ficara em um grupo oposto, sugerindo que fossem embora, como em uma greve, para pressionar por uma decisão. Isa suspirou, pensando em como a sua decisão de concorrer à bolsa, entre outras coisas, a estava colocando em oposição ao colega que aprendera a admirar tanto. "Mas era melhor descansar", pensou. Ela sabia que, se demorasse muito para dormir, a mãe viria preocupada saber o que estava acontecendo, o que ela não queria, porque a mãe já tinha preocupações demais.

No dia seguinte, no horário combinado, Isa já aguardava a professora Raquel para a reunião agendada. Ela sabia que a coordenadora era pontual. O que não sabia é que a professora estava desde muito cedo na faculdade. Havia sido um dia intenso para Raquel, com os gestores da instituição. Por isso, Isa se surpreendeu quando a professora Raquel abriu a porta e a convidou:

– Olá, Isa! Vamos entrar!

Isa caminhou para a sala, passando pela professora e se sentando à mesa de reuniões. A professora a acompanhou, sentando-se à sua frente.

– Boa noite, professora Raquel! Primeiramente, gostaria de agradecer seu empenho para o desmembramento da turma. Todos nós estávamos preocupados com nosso rendimento na disciplina. A turma composta com um número tão grande de alunos estava prejudicando nosso aprendizado.

Capítulo 3

– Com certeza, Isa! O tamanho da turma é uma variável que afeta o desempenho acadêmico. Alguns estudos evidenciaram que, quanto mais numerosas as turmas, menor o rendimento acadêmico.

Isa havia mesmo levantado alguns estudos, o que a fizera ficar ainda mais preocupada com o problema. Por isso, queria que a professora soubesse o quanto a decisão fora importante.

– A decisão de desmembrar a turma me deixou mais tranquila, pois, como sabe, professora Raquel, preciso de um bom desempenho para concorrer à bolsa.

– Isso mesmo, Isa, sei muito bem de seu propósito. E sei que conhecer as variáveis que afetam o desempenho acadêmico é relevante para todos os alunos. Por isso, é importante que continuemos nossa conversa. Falando nisso, você conseguiu ler o projeto pedagógico do curso?

Isa retirou de sua pasta um conjunto de papéis. Era possível notar palavras sublinhadas e com anotações às margens. Colocou sobre a mesa enquanto procurava pelo lápis. Raquel esperou que ela se organizasse para começar a falar.

– Sim, professora. Fiz a leitura do projeto pedagógico. Confesso que achei a leitura técnica e pouco fluida. Tive algumas dúvidas que anotei e trouxe para esclarecer com a senhora. Mas, antes, gostaria de compartilhar uma inquietação...

Nesse momento, o tom de voz de Isa se modificou e ela pareceu mais séria. Raquel acomodou-se melhor na cadeira, pois sabia que lá vinha algo realmente sério.

– Pode falar, Isa.

– Esse assunto não tem muito a ver com o que venho pesquisando. Mas você, como coordenadora do curso, talvez pudesse me ajudar a compreender melhor essa questão.

– Sim, pode falar.

– Eu presenciei uma situação muito delicada e aquela cena não sai da minha cabeça...

Isa relatou, então, o acontecimento do dia anterior com Júlio, o aluno cadeirante do segundo período. Após a exposição, Isa demonstrou sua preocupação a Raquel.

– Professora, veja bem, uma pessoa com necessidades especiais já enfrenta muitas dificuldades. Acredito que poucas pessoas com deficiências conseguem prosseguir com os estudos superiores. E aqueles que conseguem, quando chegam à instituição, ainda se deparam com limitações tão sérias, limitações de...

Isa hesitou por um momento, buscando a melhor palavra para se expressar.

– Organização do espaço físico, ou de estrutura...

Raquel a interrompeu, tendo na voz um tom de urgência:

– Isa, esse é um problema sério. O que acontece é o seguinte: atualmente, existem várias leis sobre acessibilidade que regulamentam os espaços físicos das instituições de ensino. Os prédios construídos atualmente seguem as exigências da lei. No entanto, há prédios mais antigos, com dois andares, como esse em que temos as nossas aulas, desprovidos de recursos que facilitem a acessibilidade. Nós, da coordenação, normalmente procuramos alocar as turmas com alunos que possuem esse tipo de necessidade nas salas do térreo.

– Então, professora, por que a turma do Júlio tem aulas no segundo andar?

– Essa é uma situação pontual, Isa. As aulas do 2º período ocorrem no térreo também. Todavia, eles estão participando de um projeto com aulas práticas que necessitam de uma estrutura específica, de laboratório, que só tem em uma sala que fica no segundo andar.

– Ahhh... compreendo, professora. Mas esse é um grave problema na infraestrutura da faculdade, não acha? Um aluno nessas condições pode abandonar o curso, perder aulas... A faculdade não segue a lei?

– Concordo com você, Isa. A falta de acessibilidade pode comprometer seriamente o desempenho acadêmico. A faculdade, na medida do possível, tenta contornar esses problemas. Mas nem sempre consegue.

Depois de longos minutos de uma conversa relativamente tensa, Isa parou e refletiu sobre a fala inicial de Raquel. Abriu um largo sorriso e seu rosto se iluminou.

– Então quer dizer que a acessibilidade também é uma variável que pode afetar o desempenho acadêmico!? – perguntou curiosa.

– Isso mesmo, Isa! – assentiu Raquel com a cabeça, abrindo, por sua vez, um sorriso de satisfação.

Isa, mais do que depressa, abriu seu caderno de notas e registrou uma nova variável: acessibilidade. Enquanto isso, Raquel a observava e pensava: "Quando temos um objetivo, o mundo conspira a nosso favor e até as situações ruins nos ensinam." Isa, após realizar o registro, comentou sorrindo:

– Eu estava pensando que o problema do Júlio não tinha relação com minhas investigações, acabei tendo uma bela surpresa, identificando uma nova variável.

Raquel, nesse momento, teve certeza de que suas mentes estavam realmente em sintonia. As duas sorriram descontraídas, quando Raquel retomou a conversa do ponto que Isa interrompeu.

– Voltemos então à nossa conversa sobre o Projeto Pedagógico. Você estava me dizendo que achou a leitura pouco fluida e que trouxe anotações com dúvidas.

– Isso mesmo, professora Raquel, não achei uma leitura muito tranquila não...

Raquel assentiu com a cabeça. Sabia como a leitura era técnica. Ela havia escrito o documento em grande parte, mais atenta às exigências das normas legais do que aos interesses dos estudantes e de outras partes envolvidas. Teve que ser assim. Tratou de explicar esses pontos a Isa.

– Sabe, Isa, o projeto pedagógico é um documento que cumpre uma exigência legal e burocrática das instituições de ensino, tanto as públicas quanto as privadas. É um documento com a função de planejamento global da ação educativa. O objetivo do projeto pedagógico é melhorar a qualidade da educação, sistematizando e organizando o trabalho escolar.

Capítulo 3

Isa escutava cuidadosamente e tomava nota. Raquel sabia que logo viria uma pergunta. E, então, como que ouvindo seus pensamentos, Isa perguntou:

– Mas, professora Raquel, quem são os responsáveis pela elaboração do projeto pedagógico do curso?

Raquel abaixou a cabeça, pensativa. Isa aguardou. Não imaginava que sua pergunta fosse complicada. Depois de algum tempo pensando, Raquel levantou a cabeça, olhou firmemente para Isa e começou a responder:

– Isa, o correto é que o projeto pedagógico seja realizado por uma equipe, envolvendo gestores acadêmicos, coordenadores e representantes docentes e discentes. É importante a participação da comunidade acadêmica para que todos se sintam integrados ao projeto.

Isa pareceu gostar dessa ideia. Dessa forma, o projeto seria resultado de um trabalho conjunto, colaborativo. Parecia fazer todo o sentido. Mas, então, por que a professora demorara para responder?

– Hum! Que interessante! Percebi pela leitura que é o Ministério da Educação que propõe as normas para a construção dos projetos pedagógicos nos diferentes cursos de graduação. Os projetos devem seguir alguma estrutura padrão?

Raquel abaixou novamente a cabeça. Olhava para as próprias mãos, como que as contemplando.

– Sim, o projeto pedagógico segue uma estrutura padrão. Quando iniciamos o processo de elaboração do nosso, consultei alguns especialistas. Entre outros aspectos, o projeto pedagógico deve explicitar aspectos como políticas acadêmicas voltadas ao ensino de graduação e de pós-graduação, alocação de alunos e de docentes em diferentes turmas, relevância e adequação dos conteúdos a serem ministrados, procedimentos pedagógicos e sistemas de avaliação do aprendizado.[6]

Isa estava atenta às explicações e, como sempre, fazia anotações, pensando em transcrever para seu diário. Também consultava o projeto impresso, buscando identificar os pontos a que a professora se referia. De repente, parou, pôs as mãos na mesa e olhou firmemente para a professora:

– Professora Raquel, percebi que a construção do projeto pedagógico do curso envolve muitos elementos que estão relacionados ao desempenho acadêmico. É um documento de muita importância. Todos nós, professores, estudantes, funcionários, deveríamos conhecê-lo em detalhes. Até mesmo os empregadores dos egressos do curso deveriam conhecê-lo, com a finalidade de saber mais sobre o processo de formação de seus colaboradores.

Raquel respondeu afirmativamente ao olhar firme de Isa. Ela sempre se surpreendia com a maturidade e seriedade de suas reflexões.

– Sua percepção está correta, Isa. A finalidade do Projeto Político Pedagógico, também conhecido como Projeto Pedagógico do Curso, é estabelecer um planejamento padronizado com as principais ideias, elementos, recomendações curriculares e organizacionais de um curso de graduação.[7] Como havia comentado, o projeto pedagógico pertence ao grupo da organização didático-pedagógica e é uma variável institucional que poderá influenciar nas diretrizes almejadas para o desempenho acadêmico.

Isa anotava as referências que a professora citava, mas sem se descuidar de ouvi-la atentamente.

– Quando estava lendo o projeto pedagógico do nosso curso, fiquei com dúvidas referentes à escolha da estrutura curricular, delimitação dos conteúdos e das bibliografias no projeto. Como são organizadas essas etapas?

– Isa, existem normas que devem ser seguidas, a começar pelas diretrizes curriculares dos cursos. Cada curso tem suas próprias diretrizes estabelecidas pelo Ministério da Educação. No caso do curso de Ciências Contábeis, temos a Resolução n. 10, de 16 de dezembro de 2004, do Conselho Nacional de Educação. O currículo nacional de Contabilidade, de acordo com as diretrizes do CNE, apresenta três dimensões para direcionamento, sendo elas: conteúdos de Formação Básica; conteúdos de Formação Profissional; e conteúdos Teórico-práticos.

– Como é a escolha da distribuição das disciplinas e carga horária em cada dimensão? No meu entendimento, esses conteúdos podem interferir no desempenho acadêmico do aluno. O exame de suficiência do CFC e o ENADE, por exemplo, requerem majoritariamente conhecimentos profissionais, mas temos muitas disciplinas de outras áreas, como Administração, Direito, Economia e Matemática.

Raquel ficou pensativa: Como uma aluna de graduação poderia questionar sobre elementos tão complexos envolvendo a organização pedagógica do curso? Isa estava mesmo estudando sobre as variáveis determinantes do desempenho acadêmico!

– Sabe, Isa, a organização da estrutura curricular do curso é uma etapa relevante do projeto pedagógico. E você está certa quando diz que influenciará no desempenho acadêmico do estudante. A escolha das disciplinas e do conteúdo poderá caracterizar a tendência da formação requerida pela instituição para os estudantes do curso, que poderá ser generalista ou especialista.

– Desculpe, professora Raquel, mas não entendi. Formação generalista ou especialista? Como assim?

Raquel sabia que eram muitas informações e tentava equilibrar. Mas a curiosidade de Isa era tão grande que já haviam avançado na conversa bem além do que planejara para essa segunda reunião. Então, retomou o assunto:

– A formação generalista é caracterizada pela variedade de disciplinas de diferentes áreas de conhecimento ligadas à Contabilidade; já a formação especialista foca mais em uma das áreas da Contabilidade, como Auditoria, Contabilidade Gerencial, Contabilidade Pública, Contabilidade para o Agronegócio etc. A instituição, seguindo as diretrizes curriculares nacionais, pode dirigir o foco de seu curso para uma das duas direções.

Isa fez mais algumas anotações em seu caderno e respondeu sorrindo:

Capítulo 3

– Entendi! No caso do nosso curso, aqui na instituição, temos um percentual maior de disciplinas relacionadas à área contábil. E isso é bom para nosso desempenho em exames como o de suficiência do CFC, por exemplo. Mas será que é bom para meus planos de estudar no exterior, de fazer o mestrado?

Raquel se surpreendeu novamente e tratou de reforçar a conclusão de Isa:

– Exatamente, Isa! Algumas pesquisas indicam que os cursos que oferecem maior percentual de conteúdos profissionais, ou seja, disciplinas que abordam a Contabilidade, apresentam melhor desempenho em avaliações externas, como o exame de suficiência e o ENADE. No entanto, não conheço estudos que avaliem a formação generalista ou especialista em relação à preparação para os níveis mais avançados de estudo.

Agora foi a vez de Raquel fazer anotações sobre ideias de pesquisa. Isa sorriu vendo-a tomar notas rapidamente. Sabia que a professora Raquel era uma das mais produtivas pesquisadoras em educação contábil. Cruzara com vários de seus estudos quando fora procurar por pesquisas sobre o tema de desempenho acadêmico. Com certeza, logo teria uma pesquisa publicada relacionando formação na graduação e o preparo para o mestrado e o doutorado. Isa estava adorando aquela conversa. Já percebera que, independentemente do resultado do concurso para a bolsa, a etapa de preparação estava lhe trazendo muito aprendizado.

– Sabe, professora Raquel, acho que é importante que as disciplinas de conteúdos básicos também sejam oferecidas em maior quantidade em nosso curso. A professora Marta comentou em sala de aula que o mercado de trabalho requer profissionais que tenham competências intelectuais amplas, contemplando áreas de relacionamento interpessoal, de comunicação, pessoal e organizacional. O currículo do nosso curso abrange tais competências nesse tipo de aprendizagem proposta?

Raquel pensava ao mesmo tempo na responsabilidade que uma instituição assumia ao definir o seu PPC: responsabilidade com os estudantes, com as empresas empregadoras, com a comunidade, com a sociedade. Lembrava, ainda, das acaloradas discussões com Marta, que defendia a necessidade de uma formação humana e social no sentido de formar cidadãos e não apenas profissionais. Ficou séria e respondeu com um sorriso disfarçado, enquanto olhava novamente para as próprias mãos.

– Isa, a professora Marta tem razão. As demandas requeridas pelo mercado de trabalho estão em constante mudança e as competências indicadas por elas são relevantes. Entendo que o objetivo principal do currículo é nortear o processo de ensino e aprendizagem, buscando abordar as necessidades básicas para a formação profissional do discente. Dessa forma, o projeto pedagógico deverá ser constantemente acompanhado e deve ser adequado ao cenário no qual as organizações estão

> *O projeto pedagógico deverá ser constantemente acompanhado e deve ser adequado ao cenário no qual as organizações estão inseridas.*

inseridas. Assim, os profissionais poderão responder aos desafios propostos pelo mercado, ou seja, o projeto deve estar relacionado com a realidade social à qual se destina, incluindo as demandas regionais.

Isa compreendeu. Abaixou a cabeça e verificou em suas anotações que a organização pedagógica do curso tinha influência no desempenho acadêmico e envolvia diversas variáveis. O projeto pedagógico é uma delas. Ela se lembrou da biblioteca e questionou:

– Tenho uma dúvida quanto às bibliografias e à disponibilidade de livros, professora Raquel. Na semana passada, Paulo precisou de um livro de Contabilidade Pública que o professor da disciplina estava utilizando e não encontrou qualquer exemplar na biblioteca. Todos os livros utilizados pelos professores deverão ser disponibilizados na biblioteca?

Novamente, Raquel se surpreendeu com a capacidade de relacionar as leituras e a pesquisa que Isa fazia com suas vivências e experiências pessoais, a sua e a de seus colegas.

– Bem, Isa, o papel da biblioteca no ambiente acadêmico é muito importante. A adequação desse recurso na rotina acadêmica dos discentes influencia fortemente sua aprendizagem e, consequentemente, a qualidade da formação e de seu desempenho.[8] Em relação à sua pergunta, Isa, os professores devem utilizar as bibliografias indicadas no plano de ensino proposto, de acordo com a estrutura curricular do curso. O que ocorre é que muitos professores, ao atualizarem as bibliografias de suas disciplinas, se esquecem de solicitar à biblioteca a compra das obras. Além disso, quase sempre, temos restrições orçamentárias para aquisição de obras mais atualizadas. No entanto, numa avaliação do MEC, todos os livros indicados no PPC deveriam estar na biblioteca, sim.

A coordenadora tinha dados estatísticos referentes ao uso da biblioteca na instituição, especificamente no que tange ao curso de Ciências Contábeis. Pelos dados, verificava-se a baixa utilização da biblioteca pelos estudantes. Raquel pretendia empreender alguma ação que motivasse os alunos a utilizarem a biblioteca. Com esse interesse, ela perguntou:

– Isa, seus colegas de turma frequentam a biblioteca? Temos levantamentos que apontam um baixo índice de utilização do acervo disponível. E isso me preocupa.

– Professora Raquel, eu frequento bastante a biblioteca da instituição. Mas, sendo sincera, percebo que poucos colegas têm esse hábito. Muitos utilizam somente a internet para suas pesquisas. Tenho que confessar que também uso muito a internet, mas existem alguns temas que eu acho melhor consultar um bom livro.

Ambas sorriram. "Ah, Internet, essa geração achava que bastava 'googlar' para o conhecimento pronto, válido e pertinente aparecer magicamente!", pensou Raquel. As palavras de Isa confirmaram sua percepção. Precisava propor ações para motivar os alunos a frequentar a biblioteca. Raquel fez mais algumas anotações. Enquanto isso, Isa perguntou:

Capítulo 3

– Professora Raquel, aqui, na instituição, o curso de Ciências Contábeis é oferecido no turno noturno. Mas eu sei que outras instituições oferecem o curso no turno matutino e até mesmo de forma integral. Sempre fico me questionando: será que o horário do curso pode afetar o desempenho acadêmico? Nós, que estudamos no turno noturno, normalmente, trabalhamos até 8 horas diárias e ainda estudamos, enquanto os alunos que estão matriculados no curso em tempo integral poderão se dedicar mais aos estudos.

– Isa, o turno do curso é uma variável complexa. A maioria dos estudos indica que os estudantes dos cursos noturnos não dispõem de tempo suficiente para se dedicar aos estudos. Portanto, apresentam desempenhos inferiores quando comparados aos alunos dos turnos integral ou matutino. São trabalhadores-estudantes que tentam conciliar sua rotina de trabalho com o estudo. E muitos dependem do trabalho para manter a si e às suas famílias. Em cidades grandes, como São Paulo, ainda demoram horas no transporte público para se deslocar de sua casa para o trabalho, do trabalho para a faculdade, da faculdade para casa e, no dia seguinte, iniciar tudo de novo. É uma rotina dura. Exige muita resiliência.

Raquel percebeu que Isa ficara preocupada com sua resposta. Cuidou de logo complementar:

– Ao mesmo tempo, especificamente na área contábil, outras pesquisas mostram a existência de diferenças estatísticas entre o desempenho acadêmico dos alunos do curso de uma instituição pública, dos turnos integral e noturno, e o desempenho dos estudantes do turno noturno. A hipótese levantada é de que o fato de esses alunos estarem inseridos no mercado de trabalho na área contábil poderia ter contribuído para que obtivessem rendimentos superiores.[9] Perceba, Isa, que os resultados sobre a influência do turno no desempenho acadêmico não são conclusivos.

Isa pareceu aliviada. Anotou as referências indicadas pela professora em seu caderno. Queria ler com calma esses estudos.

– Professora, esses resultados me deixaram mais otimista, principalmente os que indicam o desempenho melhor dos alunos do turno noturno. O professor Beto já comentou em sala que a experiência profissional dos estudantes, como é o caso da maioria dos alunos do turno noturno, pode influenciar positivamente o desempenho acadêmico. Eu tento fazer a diferença em minhas pesquisas...

Raquel sorriu com a menção ao nome do colega. Beto era um colega do qual ela gostava muito. Em pouco tempo, tornara-se um excelente professor, um modelo para os estudantes. Lembrou-se do dia em que o convidara para assumir a disciplina de Análise das Demonstrações Contábeis. Ele, inicialmente, parecera inseguro em se tornar professor. Pensara que seria difícil conciliar sua vida de contador, profissional, com a vida de professor. Depois, fizera uma excelente parceria com Marta e tinham trazido nova vida para o curso, com o intenso uso de metodologias ativas em seus "experimentos didáticos", como chamavam. Parecia que tinha sido ontem, mas já fazia um bom tempo!

— Com certeza, Isa, Beto tem razão. A experiência profissional auxilia a compreender a aplicação dos conhecimentos acadêmicos na prática e o aprendizado se torna mais concreto, mais significativo. Mas esse não é o único caminho. O seu trajeto, somando pesquisa e estudo, também é muito promissor. E sua dedicação é que fará a diferença! Vejo como é dedicada!

Raquel conferiu a hora em seu relógio. Isa percebeu que a reunião estava terminando. Elas haviam conversado bastante e a reunião havia ido muito além do que imaginara inicialmente. Então, como que para concluir a conversa, comentou com a professora Raquel:

— Professora, eu fiz um esquema, sintetizando as variáveis institucionais que discutimos (Figura 1). Por favor, veja em que posso melhorar...

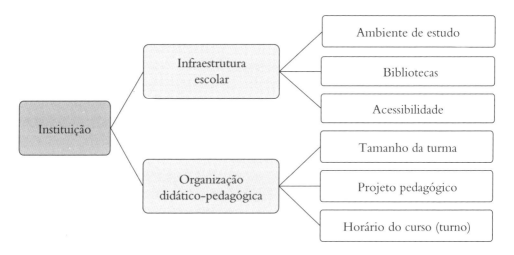

Figura 1. Determinantes do desempenho acadêmico na instituição educacional

— Seu esquema representou muito bem os agentes que influenciam o desempenho acadêmico envolvendo todas as dimensões da instituição. Fico muito feliz, Isa, que tenha compreendido e sistematizado o que conversamos!

Isa percebeu a surpresa da professora e se sentiu orgulhosa. Tratou de encerrar a reunião com um agradecimento especial. De alguma forma, sentira que o cuidado da professora Raquel com ela havia sido diferenciado.

— Professora Raquel, quero te agradecer. Você esclareceu pontos importantes que poderão me auxiliar a compreender os determinantes do desempenho acadêmico no âmbito institucional. Gostaria de sugerir à instituição uma maior divulgação do projeto pedagógico do curso, pois conhecer o planejamento e as diretrizes propostas poderá envolver e motivar os estudantes em seus planos no ambiente acadêmico e profissional. Muito, mas muito, obrigada, professora!

Capítulo 3

Isa se levantou, apertou a mão da professora e se dirigiu à porta. Raquel ainda ficou um tempo sentada à mesa de reuniões, pensando no desafio de Isa: por maior que fosse o desafio, essa moça estava preparada para enfrentá-lo. Marta estava muito correta em querer apoiá-la. Raquel buscou seu celular na bolsa para ligar para a amiga. Pensou em compartilhar com ela a possibilidade de trazer para a "rede de apoio" o professor Beto. Ele era orientador de iniciação científica de Isa, uma pessoa particularmente sensata, e seria mais um elo para fortalecer o apoio à Isa. Reforçou ainda para si mesma a ideia de conhecer mais sobre a história de vida de Isa. Enfim, como lhe dissera Marta: "Sonho bom é sonho que se sonha junto!".

4
O sonho desmorona?

Capítulo 4

As professoras Marta e Raquel e o professor Beto estavam se mobilizando para ajudar na concretização do sonho de Isa. A estudante, por sua vez, estava muito envolvida com seu "projeto de vida". Estudava os conteúdos do curso, finalizava a sistematização da IC em forma de artigo e ainda encontrava tempo para desenvolver, paralelamente, sua pesquisa sobre o desempenho acadêmico. Tudo caminhava bem, sinalizando que Isa tinha grandes chances de conseguir a bolsa de estudos destinada a seu estado. Paulo continuava incrédulo, pois realmente achava muito complicado Isa conseguir ser a melhor aluna de todo o estado. Todavia, a força e o apoio que Isa vinha angariando de seus professores não a deixavam desanimar.

O governo brasileiro, há alguns anos, estava investindo bastante em educação. Foram criados vários programas que ampliaram o número de vagas para estudantes universitários, tanto na esfera pública (REUNI – Reestruturação e Expansão das Universidades Federais, Ensino a Distância e outros programas de expansão) quanto na esfera privada (PROUNI – Programa Universidade para Todos, FIES – Fundo de Financiamento Estudantil e outras formas de financiamento estudantil). Vários estudantes, que antes não tinham condições de ter acesso ao ensino universitário, tiveram a oportunidade de buscar uma formação em nível superior. Além de políticas de expansão, o governo estava investindo bastante em programas de intercâmbio com o objetivo de promover a consolidação, a expansão e a internacionalização da ciência e tecnologia, da inovação e da competitividade brasileira por meio da mobilidade internacional.

Todavia, sabemos que o sistema capitalista é cíclico e vivenciamos momentos de crescimento econômico, mas também de crises econômicas. E aquele momento singular da vida de Isa e da corrida atrás do seu sonho coincidiu com o período em que o país começou a enfrentar grave crise, não só econômica, mas também política. Com o argumento de retomar o crescimento do país, vários programas na área social foram cortados e com a educação não foi diferente. Vários estudantes que dependiam de bolsas começaram a não receber em dia, tendo em vista que estavam ocorrendo atrasos dos repasses mensais. Foi nesse cenário que Isa viu seu sonho desmoronar.

Num belo dia, Paulo chegou à sala de aula com um jornal em mãos e um semblante muito preocupado. A aula já havia começado. Isa já estava sentada e percebeu que o amigo não estava muito bem. Até tentou uma comunicação discreta para não incomodar a aula do professor, mas Paulo não correspondeu. Ao final da aula, Paulo se aproximou de Isa com um jornal nas mãos.

– Isa, você viu o jornal hoje? Ou alguma rede social que trata sobre a situação econômica do nosso país?

– Não, Paulo, eu estava tão envolvida com os estudos, que não olhei nada. O que houve? Você está me deixando preocupada!

– Quando eu estava vindo para a faculdade, percebi uma banca perto do meu ponto de ônibus e vi uma notícia de que você não vai gostar.

O sonho desmorona?

– Paulo, achei realmente estranho você entrar com um jornal nas mãos. Você geralmente gosta de ler as notícias *on-line*...

Paulo abriu o jornal e mostrou a notícia de capa para a amiga. Isa leu o título e viu seu mundo ruir. Em letras garrafais, estava estampado: "GOVERNO FEDERAL CANCELA O PROJETO QUE PREMIA ALUNOS COM BOM DESEMPENHO ACADÊMICO PARA CURSAR PÓS-GRADUAÇÃO NO EXTERIOR".

Isa, apesar de ser muito determinada, viu seu sonho ir por água abaixo. Sabia que sem aquela bolsa não haveria condições de realizar seu sonho. Assim, desabou a chorar.

– Meu sonho acabou... tanto esforço e agora me aparece essa notícia!

Paulo, embora não acreditasse na conquista do sonho de Isa, ficou comovido com o estado da amiga. Assim, ele a consolou e a acompanhou até sua casa. Ao chegar em casa, mais calma, não se conteve e enviou um e-mail para a professora Raquel com cópia para os professores Marta e Beto relatando o que havia ocorrido.

No dia seguinte, Marta e Raquel se encontraram no corredor do bloco em que era ministrado o curso e conversaram a respeito do ocorrido. Combinaram de marcar uma reunião com a estudante e discutir as possibilidades. Estavam muito tristes pelo fato de ver o sonho de Isa desmoronar. Beto estava viajando, mas, por e-mail, se dispôs a ajudar no que precisasse.

Isa apareceu no horário agendado. Logo percebeu que não estava sozinha e que, de alguma forma, aquelas professoras tentariam ajudá-la. Raquel já estava a sua espera e, em seguida, Marta entrou na sala, com aquele andar apressado que sempre tinha. As três se cumprimentaram. Um misto de tristeza, apreensão e esperança caracterizava aquela cena. Marta começou o diálogo:

– Isa, recebemos sua notícia e ficamos muito tristes. Sabemos do seu potencial e não gostaríamos de ver seu sonho frustrado.

– Professoras, confesso que fiquei completamente "sem chão" quando Paulo me mostrou a notícia no jornal. Desde aquele momento, não paro de pensar em alternativas para solucionar essa questão. Acho que acabou, meu sonho acabou...

Raquel também entrou na conversa. Parecia ansiosa, mas firme, determinada.

– Isa, Marta e eu já conversamos e achamos que você não deve desistir de seu sonho. Pensamos que você deve prosseguir com seus estudos paralelos sobre o tema que vem pesquisando. Nós vamos nos movimentar para tentar encontrar outra possibilidade para você conseguir fazer sua pós-graduação!

Isa ficou sem palavras. Tentou balbuciar, mas não saía nada. A expressão de seu rosto dizia tudo. Marta e Raquel compreenderam. Deixaram que Isa se recompusesse. Para ajudá-la, Marta buscou rapidamente um copo de água. "Como esse apoio é importante para Isa!", pensou enquanto entregava o copo para ela, olhando-a com muita ternura. Depois de tomar um copo de água, Isa conseguiu se expressar por meio de palavras. Seus olhos estavam mareados.

Capítulo 4

– Professora Marta e professora Raquel, não tenho palavras para agradecer! Vou retribuir a atenção e o carinho de vocês estudando com afinco dentro de minhas limitações, tentando fazer o máximo que eu puder.

– Estamos certas disso, Isa! – disse Marta.

– Não temos dúvida a esse respeito – completou Raquel.

– Vamos combinar que você continua com o projeto e nós vamos ver o que é possível fazer para te ajudar! Vamos buscar recursos, Beto, Marta e eu.

Terminada a reunião, no intervalo das aulas, Isa, enquanto lanchava, narrou a Paulo os detalhes da conversa que havia tido com as professoras Raquel e Marta. Enquanto falava, Paulo ouvia atentamente com um misto de admiração e apreensão.

– Paulo, combinei com as professoras que continuarei estudando sobre o desempenho acadêmico. Novas possibilidades podem surgir e não quero estar despreparada.

– Ué! Eu achei que "a vaca tinha ido pro brejo"!

– Como? – perguntou Isa surpresa.

– Eu achei que "a vaca tinha ido pro brejo". Vai me dizer que não conhece essa expressão!

Agora o surpreendido era Paulo. Sabia que a amiga conhecia tudo de expressões e ditos populares. E não se decepcionou!

– É claro que conheço! Significa que uma coisa ruim aconteceu. A expressão surgiu em referência a tempos de seca, quando o gado parte em direção a brejos ou terrenos pantanosos em busca de água e, se uma vaca vai para o brejo, ela pode morrer ou dar muito trabalho para ser desatolada.[1]

– É, nem sabia dessa explicação. Achei que te pegaria no contrapé. Não foi dessa vez!

Ambos sorriram. Essa era uma brincadeira que tinham e que alimentava essa amizade peculiar: Paulo sempre buscava ditos populares para desafiar Isa, que adorava pesquisá-los. Para ela, essa era uma forma de resgatar a cultura e o conhecimento local. "Nós somos tão diferentes e parece que todas as diferenças que temos nos aproximam de uma maneira singular!", pensou Paulo.

– Bem, mas, no meu caso, como já te disse, estamos tentando "desatolar a vaca".

Paulo sorriu. Isa se surpreendeu, por um momento. Ele esteve sempre tão reticente quanto a esse plano e, agora, que a "vaca tinha ido para o brejo", se oferecia para ajudar a desatolar. "Enfim", pensou Isa, "há pessoas que são melhores nos piores momentos!". Isa sabia bem disso por conta de sua experiência pessoal. Já enfrentara muitas dificuldades. Como que lendo seus pensamentos, Paulo emendou:

– Se precisar de uma forcinha para "desatolar a vaca", é só me falar, Isa. Saiba que estou aqui!

– Obrigada! Mas, voltando às minhas pesquisas... Um pouco antes da notícia "bombástica" que o "senhor" me deu, eu havia conversado com a professora Raquel e fiz constatações bem interessantes que gostaria de compartilhar com você. Eu percebi que a escolha da instituição pode ter reflexos significativos no desempenho de um estudante, pois é a instituição que proporcionará as condições e o ambiente para que a aprendizagem ocorra efetivamente. Mas não se preocupe, ao analisar aspectos como tamanho das turmas, acessibilidade, ambiente de estudo, nosso projeto pedagógico, entre outros, eu concluí que estamos matriculados em uma boa instituição. Pelo menos ela está se esforçando para melhorar!

> *A escolha da instituição pode ter reflexos significativos no desempenho de um estudante, pois é a instituição que proporcionará as condições e o ambiente para que a aprendizagem ocorra efetivamente.*

Paulo sorriu. Sabia que Isa havia feito comparações cuidadosas. Ficou contente, ainda, que ela compartilhasse com ele.

– É verdade, Isa! Eu já desconfiava disso, pois os alunos formados aqui, em nossa faculdade, sempre conseguem os melhores empregos. No setor de Recursos Humanos da empresa onde eu trabalho, quando os candidatos dizem que estudam ou estudaram aqui, a psicóloga já olha diferente, demonstrando mais entusiasmo com o candidato.

Isa ficou ainda mais animada! Essa informação ainda não constava entre os determinantes já identificados. Anotou no caderninho que precisava pesquisar indicadores de empregabilidade.

– Ah! É mesmo? Isso confirma minha hipótese. Então, posso ficar tranquila. Acho que, a depender da instituição, tenho condições de continuar sonhando com uma "possível" pós-graduação no exterior, pois tenho certeza de que as professoras Marta e Raquel e o professor Beto irão me ajudar a encontrar outra alternativa. Sabe, Paulo, ontem até me emocionei quando elas me disseram que achariam uma saída. Parece que, de qualquer forma, eu já estou ganhando!

Ao ver o olhar sonhador da amiga, Paulo se viu forçado a contemporizar. Ela tinha que saber que não seria assim fácil. Ela contava com a ajuda das professoras, mas que garantia tinha de que apareceriam outras bolsas? "Esse é um dos fatores. Talvez nem seja o principal", Paulo pensou. E se ouviu falando para Isa, quase de imediato:

– Eu não sei, Isa. Acho que, além da instituição, há outros aspectos importantes a serem avaliados. Sabe, por exemplo, nós temos professores e "professores".

Enquanto Paulo falava, fazia um sinal de aspas com as mãos, enfatizando a palavra. Isa sabia muito bem do que ele estava falando.

– Você adora jogar um balde de água fria no meu entusiasmo, não é?

– Só estou te ajudando a avaliar suas reais possibilidades. Sou o "advogado do diabo"!

– Do diabo mesmo. Aliás, você sabe de onde vem essa expressão? – retrucou Isa, entrando no "jogo".

– Não... manda lá – respondeu Paulo sorrindo.

– Essa é uma expressão utilizada, inicialmente, pela Igreja Católica para designar o advogado que tinha por missão apresentar provas impeditivas da admissão de um candidato a santo ou beato.[2]

Capítulo 4

– É isso aí! Não vou permitir que você se torne "santa" ou "beata".

Os dois riram. Mas Isa pareceu considerar esse argumento. "Era um argumento bastante racional, pois, de fato, os professores poderiam ter impactos significativos no processo de ensino e aprendizagem", pensou. Anotou esse ponto no caderno também enquanto falava, quase que para si mesma:

– É, talvez você tenha razão. Preciso avaliar como os professores podem ajudar ou prejudicar meu desempenho. Mas quem poderia me dar algumas pistas a esse respeito?

Embora tivesse falado quase que para si mesma, ouviu a voz do colega respondendo a sua pergunta:

– A professora Camila Lisboa, do apoio pedagógico! Ela entende tudo desse negócio de didática, formação de professores, essas coisas...

Isa sorriu. Mesmo sendo o "advogado do diabo", Paulo não conseguia deixar de ajudá-la. Anotou no caderno, rapidamente, dois fatores, sorrindo: apoio e incentivo de colegas e, ao lado, professores.

– É verdade, como não pensei nisso? Vou falar com ela amanhã mesmo!

Paulo notou aquele sorriso. "Como o rosto de Isa se ilumina quando ela sorri!", pensou. Refletiu também que, apesar de ter enfrentado tantas dificuldades, ela sempre mantivera o otimismo. "Ou será o 'subjetivismo responsável' dentro do 'conservadorismo' dos contadores?", concluiu para si mesmo.

Nesse momento, perceberam que o intervalo das aulas já havia acabado. Retornaram para a sala, mas Isa teve dificuldades em se concentrar, pois já estava muito ansiosa em ter a conversa com a professora Camila Lisboa. "Será que a recepção será a mesma que tive com as outras professoras?", pensou.

Paulo também teve dificuldades para se concentrar nas aulas. Além do cansaço do dia intenso de trabalho, do deslocamento sempre difícil até a faculdade, percebera, naquela conversa com Isa, o quanto ela era especial. Discretamente, lá de seu lugar no fundão, próximo à parede, Paulo passou a aula olhando para a colega. Sem perceber, repetia mentalmente: "Tomara que dê certo, tomara que dê certo, tomara que dê certo...".

5 Eu dependo do professor para aprender?

Capítulo 5

No dia seguinte, Isa chegou uma hora antes do horário de início das aulas para fazer sua "consulta". Verificou na secretaria como se dava o agendamento para conversar com a professora Camila Lisboa, do setor de apoio pedagógico. O secretário respondeu, sorrindo, que não precisava marcar horário e que a professora já estava em sua sala. Isa torceu para que aquele sorriso fosse um bom presságio.

Isa caminhou até a sala da professora, ainda pensando em como seria esse encontro. A sala da professora Camila era diferente da sala da professora Raquel. Era menor, mas bem aconchegante, com um mobiliário moderno e com diferentes formas. A mesa de trabalho era retangular, com um painel de vidro colorido por cima, com vários desenhos. "Nossa, é muito diferente!", pensou Isa. Os enfeites da sala também eram coloridos e as cadeiras destinadas aos visitantes eram vermelhas com detalhes em amarelo. Isa percebeu que a professora Camila gostava de ambientes descontraídos.

A professora Camila Lisboa recebeu-a com um sorriso. Isa teve a impressão de que, de alguma forma, ela já a esperava. "Mas, por que ela estaria me esperando? Estranho...", pensou. Afastou logo esse pensamento para se concentrar na conversa.

– Olá, professora! Tudo bem?

– Olá! Como está? Entre! Sente-se!

– Professora, meu nome é Isabela, mas todos me chamam de Isa. Eu gostaria de conversar com você sobre desempenho acadêmico...

– Claro, estou à disposição. Já ouvi de alguns colegas sobre você. Todos me dizem que é uma excelente estudante. Conte-me um pouco sobre você e suas preocupações.

Isa sentiu que podia abrir o coração. Normalmente, era uma pessoa mais reservada, mas se viu contando à professora Camila sobre sua trajetória acadêmica e até mesmo detalhes de sua família. Ao final de sua fala, Isa relatou suas intenções e o desejo de conhecer melhor os possíveis impactos do professor na formação e no desempenho do aluno por conta de seu sonho de estudar no exterior. Camila ouviu atentamente. Após a exposição de Isa, ela exclamou:

– Isa, é a primeira vez que alguém me procura para falar sobre esse assunto com um interesse, digamos, científico, e com um sonho como o seu! Na maioria das vezes, quando os estudantes vêm aqui, é porque estão com dificuldades de aprendizagem, problemas de relacionamento com professor ou com os colegas, entre outras razões. Fico imensamente satisfeita com seu propósito. Mas, vamos lá!

Isa sentiu que a professora a acolhera, que podia contar com ela. Mas, como estava muito ansiosa, começou já a abrir o seu caderno de notas.

– Vamos lá!

Ao vê-la abrir o caderno de notas, Camila sorriu, lembrando de si mesma. Ela se via nessa moça jovem, cheia de sonhos. Marta já havia lhe contado a história de Isa há alguns dias. Estava contente por conhecê-la pessoalmente.

– Isa, o papel do professor na educação é muitíssimo importante. É bem verdade que ele não é o centro do processo de ensino e aprendizagem. Aliás, essa presunção poderia levá-lo a crer que é o detentor do conhecimento e os alunos, os depositários, como assevera criticamente Paulo Freire. Mas muitos ainda pensam assim, infelizmente.

– É verdade, professora!

– Todavia, o outro extremo também é perigoso, pois negar a importância do professor seria mais grave que superestimá-la. Seria desvalorizar qualquer processo ou ação de formação e aprimoramento do docente. Aliás, muitos estudos demonstram que atributos docentes estão associados ao desempenho acadêmico dos alunos[1] e até aos salários futuros dos discentes! Já imaginou? Quando você tem um "bom" professor, suas chances de ter um bom desempenho escolar e melhores salários no futuro crescem! Assim, podemos dizer que professor e aluno são os protagonistas do processo de ensino e aprendizagem.

Isa lembrou-se do fator empregabilidade, que havia anotado durante a conversa com Paulo. "Então, era mais do que isso!", pensou. "Ou seja, era uma renda futura mais elevada." Anotou esse fator ao lado de empregabilidade.

> *Negar a importância do professor seria mais grave que superestimá-la. Seria desvalorizar qualquer processo ou ação de formação e aprimoramento do docente. Aliás, muitos estudos demonstram que atributos docentes estão associados ao desempenho acadêmico dos alunos e até aos salários futuros dos discentes! Já imaginou? Quando você tem um "bom" professor, suas chances de ter um bom desempenho escolar e melhores salários no futuro crescem! Assim, podemos dizer que professor e aluno são os protagonistas do processo de ensino e aprendizagem.*

– Era o que eu imaginava! Portanto, dependo, sim, do professor para aprender melhor! Mas... Como eu faço para "reconhecer" os professores que mais contribuem para o meu desempenho?

Camila sorriu. Marta havia comentado como Isa era racional e objetiva. "Bem, mais um ponto confirmado", pensou. Sentiu que precisava falar de atributos bastante concretos. Pegou um papel e uma caneta.

Ao ver a professora Camila pegar o papel e a caneta, Isa sorriu. Sabia que seria da mesma forma quando de sua conversa com a professora Marta: uma aula! Camila começou a explicar enquanto esquematizava em um papel os atributos docentes (Figura 1). Isa começou a ter certeza de que escrever no papel enquanto fala era mania de professor mesmo e concluiu que anotar seus pensamentos em algo, para esquematizar e juntar uma figura às suas palavras, seria uma ótima técnica didática.

– Ótima pergunta, Isa! Os estudantes, geralmente, apontam três atributos principais que julgam importantes em um "bom" professor: domínio do conteúdo, boa didática e experiência com as práticas profissionais.[2] Para deter essas três características, os docentes precisam de três qualificações: acadêmica, profissional e pedagógica.

Capítulo 5

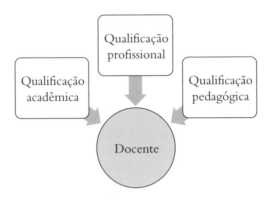

Figura 1. Qualificações docentes

— Isa, a qualificação acadêmica ocorre quando o professor é preparado para o exercício da pesquisa, para a produção de conhecimento. Em termos práticos, ocorre na pós-graduação *stricto sensu*, no doutorado. Devido à relevância da pesquisa, a formação acadêmica se torna essencial na busca por melhores níveis de desempenho acadêmico. Essa titulação deveria conferir-lhe habilidades de pesquisador e de professor.

> *A qualificação acadêmica ocorre quando o professor é preparado para o exercício da pesquisa, para a produção de conhecimento. Em termos práticos, ocorre na pós-graduação stricto sensu, no doutorado. Devido à relevância da pesquisa, a formação acadêmica se torna essencial na busca por melhores níveis de desempenho acadêmico. Essa titulação deveria conferir-lhe habilidades de pesquisador e de professor.*

— É, fazendo um balanço dos professores que tive, no geral, aqueles que são mais titulados ensinam melhor mesmo. Acho que talvez eles saibam mais ou tenham mais segurança. Por outro lado, nós temos professores que sabem muito de teoria, são doutores, mas não sabem ensinar. Eles sabem para si mesmos, não para ensinar aos outros.

Camila sorriu diante dessa afirmação. Muitos estudantes traziam esse problema para as conversas com a responsável pelo setor de apoio pedagógico. Lembrou-se, ainda, de seu amigo Beto, o contador que "acordara" professor.

— Sim, você tem razão. O fato é que a pesquisa tem a dupla função: de produzir conhecimento e de contribuir com a construção de saberes necessários ao exercício da docência. Por isso, a pesquisa é tão relevante aos docentes.

Isa parecia incomodada com essa ideia da pesquisa. Camila fez uma pausa, estimulando-a a expressar suas preocupações.

— Mas o foco não deveria ser a capacidade de ensinar?

"É", Camila pensou, "Marta tem razão. Essa moça tem um imenso potencial! É curiosa, quase inquisitiva. Essa sua postura deve incomodar muita gente...". Camila retomou o ponto:

– Também, claro. Perceba que a pesquisa proporciona benefícios diretos e indiretos para o ensino. O benefício direto consiste no fato de situar o conteúdo no contexto social, evidenciando aos estudantes conhecimentos sobre a profissão. O benefício indireto é ainda mais útil. A pesquisa é um meio pelo qual os professores, continuamente, desafiam uns aos outros para chegar a novas ideias e defendê-las de forma rigorosa. Sem pesquisa ou atividade similar, Isa, o docente corre o risco de se tornar obsoleto, ensinando regras de ontem para desafios de amanhã.[3] Mas, se o professor não traz os resultados dessas pesquisas para dentro da sala de aula, para sua prática, ocorre o que você falou: teremos bons pesquisadores, mas não educadores. No Brasil, isso pode ser ainda pior, pois as regras de avaliação e promoção de docentes no ensino superior estão pautadas na produção científica. Assim, os docentes passam a valorizar mais a pesquisa em detrimento da docência. Eles têm incentivos focados na publicação. Dessa forma, o importante acaba sendo desenvolver pesquisa e publicar para avançar na carreira.

– Essas regras são da CAPES, não é, professora?

Perceba que a pesquisa proporciona benefícios diretos e indiretos para o ensino. O benefício direto consiste no fato de situar o conteúdo no contexto social, evidenciando aos estudantes conhecimentos sobre a profissão. O benefício indireto é ainda mais útil. A pesquisa é um meio pelo qual os professores, continuamente, desafiam uns aos outros para chegar a novas ideias e defendê-las de forma rigorosa. Sem pesquisa ou atividade similar, Isa, o docente corre o risco de se tornar obsoleto, ensinando regras de ontem para desafios de amanhã. Mas, se o professor não traz os resultados dessas pesquisas para dentro da sala de aula, para sua prática, ocorre o que você falou: teremos bons pesquisadores, mas não educadores. No Brasil, isso pode ser ainda pior, pois as regras de avaliação e promoção de docentes no ensino superior estão pautadas na produção científica. Assim, os docentes passam a valorizar mais a pesquisa em detrimento da docência. Eles têm incentivos focados na publicação. Dessa forma, o importante acaba sendo desenvolver pesquisa e publicar para avançar na carreira.

– Sim, Isa, é isso mesmo! Essas são as regras da Coordenação de Aperfeiçoamento do Pessoal de Nível Superior, conhecida como CAPES. Vejo que você já pesquisou sobre esse assunto. Muito bem! Viu a importância da pesquisa?

Isa se sentiu acolhida com as palavras da professora Camila. Ela mesma encontrara professores que se incomodavam quando os estudantes demonstravam algum conhecimento. "Parece que se sentiam ameaçados!", pensou. Mas esse claramente

Capítulo 5

não era o caso da professora Camila. Mas ela ainda tinha uma dúvida que decidiu questionar:

– Então, para ser qualificado academicamente, basta ser doutor?! Parece-me pouco...

– Não, claro que não. Ser doutor significa estar habilitado para o exercício da pesquisa. Mas, para colocar a pesquisa a serviço do ensino, é preciso que existam as condições necessárias.

– Que condições são essas, professora Camila? – perguntou Isa rapidamente.

Camila sorriu, sentindo a inquietação da estudante. Aquela moça daria o que falar, tinha certeza. Tinha um potencial quase inato, como um diamante bruto ou uma flor que nasce da pedra. Lembrou-se da capa de um livro que estava lendo sobre resiliência, indicado por um amigo muito querido. "Exatamente, Isa é como uma flor que nasce na encosta pedregosa de uma serra", pensou Camila. Retomou o ponto para não a deixar ainda mais ansiosa.

– Isa, talvez a condição mais importante seja trabalhar sob o regime de "dedicação exclusiva". Note que a pesquisa, como qualquer atividade, depende de tempo para ser realizada. Muito tempo! Um colega, uma vez, em uma reunião de orientadores do curso de pós-graduação, fez uma analogia, da qual gosto muito, entre a pesquisa e uma corrida de Fórmula 1. Posteriormente, posso falar dela em detalhes, mas o principal é que, ao vermos os carros e pilotos em seu desempenho no momento da corrida, nós nos esquecemos do tempo de preparo e de treino. E nos esquecemos também dos recursos para a construção de carros cada vez mais velozes e seguros, para a contratação de mecânicos especializados, para investimento em tecnologia para medir e avaliar o desempenho, bem como em tecnologia de comunicação entre o piloto e a equipe nos treinos e na corrida.

Isa estava curiosa para saber aonde essa analogia as levaria. Gostava de analogias, apesar de ser uma pessoa extremamente prática. Isa até adivinhava que professor havia construído aquela analogia. Anotou no caderno a ideia de ir conversar com ele. Engraçado que, até agora, ela tinha conversado apenas com professoras. Isa bem sabia o porquê dessa decisão quase intuitiva. Mas aquele professor era diferente. "É, talvez valesse a pena conversar com ele", pensou. Voltou a atenção para a professora Camila e continuou ouvindo atentamente. "Que professora atenciosa e inteligente! Que bom que Paulo se lembrara dela!", Isa ainda pensou, sorrindo, sem perceber. Voltou a prestar atenção no que a professora estava dizendo:

– Ou seja, para que o docente tenha condições de se dedicar a esse tempo destinado a pesquisa e extensão, ele precisa ser remunerado por essa dedicação. Nesse sentido, o regime de trabalho integral (ou dedicação exclusiva) é o que proporciona, em tese, as melhores condições aos docentes para empreenderem processos investigativos nas áreas em que atuam. É o que preceitua a própria legislação educacional brasileira. Você sabia que, para uma instituição de ensino ser considerada universidade, é necessário que, pelo menos, 1/3 do seu corpo docente seja composto por professores com dedicação exclusiva?

– Não, eu não sabia. Que interessante!
– Então, assim é! Isso está definido no artigo 52 da Lei de Diretrizes e Bases da Educação do Ensino Superior, a Lei n. 9.394, de 1996.

Isa começou a elaborar uma lista de fatores. Queria organizar o pensamento. Quase sem perceber, começou a construir a lista em voz alta.

– Ser doutor, trabalhar sob o regime de dedicação exclusiva... E o que mais é importante para ser um professor qualificado academicamente?

– Bem, podemos dizer que o doutor consolida sua condição de pesquisador quando publica seus trabalhos. Já a sua condição de professor é consolidada quando ele traz os resultados de suas pesquisas para dentro da sala de aula. Ou seja, quando ele emprega os saberes obtidos no processo de ensino e aprendizado.

> *Nesse sentido, o regime de trabalho integral (ou dedicação exclusiva) é o que proporciona, em tese, as melhores condições aos docentes para empreenderem processos investigativos nas áreas em que atuam. É o que preceitua a própria legislação educacional brasileira. Você sabia que, para uma instituição de ensino ser considerada universidade, é necessário que, pelo menos, 1/3 do seu corpo docente seja composto por professores com dedicação exclusiva?*

Ao dizer essas palavras, Camila fez mais um desenho no papel. Isa sorriu e ficou observando. Era uma síntese das qualificações acadêmicas bastante semelhantes ao esquema que ela própria havia feito anteriormente (Figura 2).

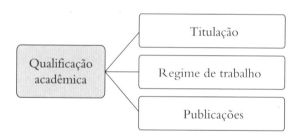

Figura 2. Qualificação acadêmica

– Interessante, professora! Eu nunca tinha parado para pensar a esse respeito. Mas faz todo o sentido! Temos professores muito reconhecidos no mercado, como auditores, contadores, promotores e até juízes. Mas, às vezes, não se dedicam como gostaríamos... faltam às aulas, aplicam poucas avaliações, são inacessíveis. Isto é, nunca estão disponíveis para sanar as nossas dúvidas, para prover *feedback*, para nos orientar.

Camila sorriu. Isa era realmente muito objetiva e direta.

– É verdade, Isa! Mas os saberes práticos também são importantes. A experiência é cheia de significados e, se adequadamente mobilizada, pode ser uma poderosa forma de ensino. Nesse sentido, a qualificação profissional diz respeito aos conhecimentos

Capítulo 5

> *A experiência é cheia de significados e, se adequadamente mobilizada, pode ser uma poderosa forma de ensino. Nesse sentido, a qualificação profissional diz respeito aos conhecimentos obtidos pelo docente no contato com as práticas profissionais do mercado de trabalho.*

obtidos pelo docente no contato com as práticas profissionais do mercado de trabalho.[4]

Isa pareceu pensativa e tratou de complementar sua fala anterior.

– É mesmo! Agora estou me lembrando das aulas do professor Beto. São muito legais! E ele vem do mercado, não é mesmo?

Camila sorriu e se lembrou das dicas que dera a Beto quando ele estava iniciando na docência.

– Sim! Beto é um contador que "acordou" professor. Ele tem muita experiência profissional e está se qualificando academicamente também.

Camila e Isa riram juntas com a imagem de Beto "acordando professor".

– Sabe, professora Camila, ele sempre traz alguma história, algum caso ou relato do "mundo real". Aliás, há uma história famosa, da dona... dona... dona Adelaide!!! O nome completo da história é "A Saga de Dona Adelaide"! Ela trata do conceito de Alavancagem Financeira.* Depois daquela história, nunca mais esqueci o conceito.

Ambas riram dessa história que já se tornara quase um mito na faculdade. Camila ficou feliz em constatar que o colega havia colocado em prática as suas sugestões, estava adotando técnicas de metodologias ativas de aprendizagem em suas aulas. "Era muito bom compartilhar a trajetória de um colega tão envolvido com a qualidade de ensino!", pensou ela.

– É verdade! Eu conheço bem essa e outras histórias de Beto!!! Em áreas do conhecimento aplicado, como são Contabilidade, Administração, Economia e Direito, o valor da experiência parece ser ainda maior. A professora Raquel, coordenadora do curso de vocês, comentou comigo que existem organismos de credenciamento de cursos e de instituições na área de negócios, como a *The Association to Advance Collegiate Schools of Business* e a *European Foundation for Management Development*, que valorizam a atuação dos docentes no mercado de trabalho como parte de sua qualificação para ensinar. Você sabia?

– Não, eu não sabia!

Isa pareceu confusa por um momento. Anotou os nomes em seu caderno para pesquisar mais sobre essas instituições.

– Além disso, muitos processos seletivos para a docência ou para ingresso na pós--graduação *stricto sensu* consideram o tempo de docência e também de experiência profissional no mercado como parte dos critérios de seleção – completou Camila.

---

* Esta história é parte do material complementar do livro: LEAL, Edvalda Araujo; MIRANDA, Gilberto José; CASA NOVA, Silvia Pereira de Castro. *Revolucionando a sala de aula*: como envolver o estudante aplicando as técnicas de metodologias ativas de aprendizagem. São Paulo: Atlas, 2017. Saiba mais em: <http://portfolioeducacional.grupogen.com.br/demos/revolucionando/>.

Isa pareceu ainda mais surpresa com essa informação:

– Mas, professora Camila, o simples fato de ter experiência de mercado já qualifica o professor do ponto de vista profissional?

– Essa pergunta é muito boa! De fato, simplesmente medir o tempo de atuação de um professor no mercado vai dizer pouco sobre sua qualificação. As pesquisas a esse respeito na área de negócios são escassas, mas outras variáveis devem ser consideradas. O tempo de atuação profissional como professor também é importante. Sabe, Isa, a fase inicial do ciclo de vida profissional docente é, potencialmente, a mais problemática. Nesse período, alguns fatores poderão afetar o ingresso na profissão, como carga horária excessiva, ansiedade e dificuldade de relacionamento com alunos. Pode, em alguns casos, ser diagnosticado o "choque de realidade", um trauma que pode culminar no abandono da profissão. Mas, com o passar do tempo e a aquisição de experiência, esses problemas são amenizados e afetam menos os docentes.[5] Nesse sentido, o tempo de atuação na carreira docente também se mostra como uma variável da formação profissional docente. Note que muitos processos seletivos para a docência, para ingresso na pós-graduação *stricto sensu* ou para elaboração de questões para concursos públicos, consideram o tempo de docência como parte dos critérios de seleção.

Isa estava aflita por saber mais e tirar alguma conclusão dessa conversa:

– Então, é apenas experiência mesmo em sala de aula ou na empresa?

Camila tentou conter a ansiedade de Isa para evitar que ela "pulasse" para as conclusões antes de conhecer todo o contexto. O tema era complexo!

– Calma, ainda há mais! Embora, no Brasil, algumas certificações profissionais ainda sejam recentes, elas já começam a ter valor como formação profissional, tais como Registro na Ordem dos Advogados do Brasil, Registro nos Conselhos Profissionais, no caso de contador, auditor, perito e outros. Em contextos como o norte-americano, já existem formas objetivas de reconhecimento da formação profissional. A professora Raquel me informou que, na área contábil, por exemplo, o professor profissionalmente qualificado é aquele que detém um título de mestrado e a credencial *Certified Public Accountants*, cuja sigla é CPA. Acho que é isso mesmo...

Parecia algo automático. Mesmo antes de terminar a fala, Camila já estava finalizando também o esquema representativo da qualificação profissional (Figura 3). Isa observa, pensando em sua hipótese de ser necessário o registro em uma lousa imaginária.

Figura 3. Qualificação profissional

Capítulo 5

– Professora Camila, a impressão que tenho, com base no que você falou até agora, é de que, se o professor conhece o assunto ou o conteúdo, seja ele obtido pela experiência ou por meio de uma formação acadêmica, automaticamente ele sabe ensinar. É isso mesmo, professora?

Camila sorriu. Notou que Isa parecia querer saber logo o final da novela sobre a qualificação docente.

– Você raciocina rápido, mas eu ainda não revelei a terceira qualificação.

Isa olhou rapidamente para os esquemas desenhados anteriormente e buscou perceber qual seria a terceira qualificação. Seu rosto se iluminou quando concluiu qual era e disse:

– Qualificação pedagógica!

– Sim, é isso mesmo. É preciso saber mobilizar os diversos saberes vistos anteriormente para que o processo de ensino e aprendizagem ocorra efetivamente. É incorreto pensar que, se o aluno não aprendeu, o problema é dele...

Isa a interrompeu de forma categórica:

– Concordo plenamente!!! Mas nossos professores teriam que fazer cursos de pedagogia?

– Não! A proposta é que haja uma formação inicial para o exercício da docência e outra continuada. Ambas são escassas em cursos de bacharelado, que são os cursos como Administração, Economia, Ciências Contábeis, Direito e outros. Assim, nossos professores praticamente não pararam para "pensar" na Educação, em seus objetivos, seus meios, seus fins, seu raio de influência, seu envolvimento com a sociedade e, principalmente, seu compromisso com todos os alunos que pela escola passam.[6] Nesse sentido, os elementos constitutivos da atuação docente, como planejamento, organização da aula, metodologias e estratégias didáticas, avaliação, peculiaridades da interação professor-aluno, são desconhecidos, cientificamente, por parte de muitos professores do ensino superior, notadamente, dos bacharéis.

Isa pareceu, finalmente, ter a visão da complexidade do contexto global.

– Nossa, professora... Achei que fosse mais simples esse processo...

– Isa, o professor passa, sem processo de adaptação, da experiência passiva como aluno ao comportamento ativo como

> *Assim, nossos professores praticamente não pararam para "pensar" na Educação, em seus objetivos, seus meios, seus fins, seu raio de influência, seu envolvimento com a sociedade e, principalmente, seu compromisso com todos os alunos que pela escola passam. Nesse sentido, os elementos constitutivos da atuação docente, como planejamento, organização da aula, metodologias e estratégias didáticas, avaliação, peculiaridades da interação professor-aluno, são desconhecidos, cientificamente, por parte de muitos professores do ensino superior, notadamente, dos bacharéis.*

professor, sem que lhe seja colocado, em muitos casos, o significado educativo, social e epistemológico do conhecimento que transmite ou incentiva seus alunos a aprenderem, a construírem.[7] É dessa transformação instantânea que nasceu a expressão bastante utilizada no meio educacional que usei agora há pouco ao falarmos do professor Beto. "O sujeito dorme advogado, médico ou engenheiro e acorda professor", como num "passe de mágica", sem que haja um momento preparatório que lhe permita desenvolver a competência pedagógica.[8]

Isa estava pensativa. Parecia não se conformar com esse estado de coisas:

– Mas, professora, eu achava que existiam leis sobre o preparo para ser professor no ensino superior. Essa situação me parece muito estranha.

Camila lembrou-se de si mesma quando, há muitos anos, se deparara com esse quadro. Ela também tivera dificuldades em aceitar. Mas continuou sua fala:

– No Brasil, a Lei de Diretrizes e Bases da Educação Nacional, Lei n. 9.394, de 1996, estabelece que a formação para o exercício do magistério superior se dê na pós-graduação, **prioritariamente**, nos cursos de mestrado e de doutorado. Note que o legislador utilizou o termo "prioritariamente" e não "obrigatoriamente", ou seja...

Isa já entendera e a interrompeu, complementando:

– Pode haver ou não a formação...

– Exatamente! O mais comum é a existência de uma disciplina de Didática ou Metodologia do Ensino Superior e do Estágio Docência nos cursos de pós-graduação *stricto sensu*. Mas nem sempre essas atividades são obrigatórias. Na verdade, na maioria dos casos, são conteúdos optativos, o que faz com que muitos estudantes se titulem como mestres, e até

> *Isa, o professor passa, sem processo de adaptação, da experiência passiva como aluno ao comportamento ativo como professor, sem que lhe seja colocado, em muitos casos, o significado educativo, social e epistemológico do conhecimento que transmite ou incentiva seus alunos a aprenderem, a construírem. É dessa transformação instantânea que nasceu a expressão bastante utilizada no meio educacional que usei agora há pouco ao falarmos do professor Beto. "O sujeito dorme advogado, médico ou engenheiro e acorda professor", como num "passe de mágica", sem que haja um momento preparatório que lhe permita desenvolver a competência pedagógica.*

> *No Brasil, a Lei de Diretrizes e Bases da Educação Nacional, Lei n. 9.394, de 1996, estabelece que a formação para o exercício do magistério superior se dê na pós-graduação, prioritariamente, nos cursos de mestrado e de doutorado. Note que o legislador utilizou o termo "prioritariamente" e não "obrigatoriamente".*

Capítulo 5

> *O mais comum é a existência de uma disciplina de Didática ou Metodologia do Ensino Superior e do Estágio Docência nos cursos de pós-graduação stricto sensu. Mas nem sempre essas atividades são obrigatórias. Na verdade, na maioria dos casos, são conteúdos optativos, o que faz com que muitos estudantes se titulem como mestres, e até doutores, e comecem suas carreiras como docentes sem nunca terem discutido ou vivenciado os conceitos e situações relativos à docência.*

doutores, e comecem suas carreiras como docentes sem nunca terem discutido ou vivenciado os conceitos e situações relativos à docência.

Agora Isa estava realmente inconformada. Sua expressão mostrava isso: cenho franzido, boca crispada, punhos fechados.

– Professora, assim parece um ciclo vicioso! Pois, se o docente não é formado para ser professor, que condições ele tem de preparar os futuros profissionais e os futuros professores?

Camila sorriu diante da reação de Isa. Tinha que admitir que concordava com ela.

– Sim, concordo, Isa! Por isso é tão difícil mudar. Mas, se o professor se conscientizar dessa necessidade, pode buscar uma formação por conta própria. Aliás, mesmo aqueles que possuem uma formação inicial, devem buscar uma formação continuada. Cursos de especialização, cursos de extensão e, até mesmo, de pós-graduação *stricto sensu* na Educação são possibilidades para a preparação pedagógica.

Isa pareceu relaxar e ficar mais conformada com essa resposta. Parecia ter enxergado uma saída. Falou baixinho, quase como para si mesma:

– Então, há uma luz no fim do túnel?

Camila sorriu novamente e, enfaticamente, reafirmou:

– Sim, nem tudo está perdido! Eu tenho visto muitas instituições constituírem grupos de apoio pedagógico com diferentes denominações como Centro de Apoio Pedagógico, Grupo de Apoio Pedagógico, Núcleo de Apoio Pedagógico, entre outras nomenclaturas, mas com propósitos similares.[9] Livros têm sido publicados sobre o tema. Cursos *on-line* estão sendo estruturados. E a recepção tem sido muito boa!

> *Eu tenho visto muitas instituições constituírem grupos de apoio pedagógico com diferentes denominações como Centro de Apoio Pedagógico, Grupo de Apoio Pedagógico, Núcleo de Apoio Pedagógico, entre outras nomenclaturas, mas com propósitos similares. Livros têm sido publicados sobre o tema. Cursos on-line estão sendo estruturados. E a recepção tem sido muito boa!*

Isa tratou de tomar nota em seu caderno, enquanto Camila concluía:

– Muitos professores também começam a pesquisar sobre o ensino, especificamente, em suas áreas, como Administração, Ciências Contábeis,

Direito. Afinal, a pesquisa sobre educação é uma temática transversal às diversas áreas de conhecimento.

A essa altura, Camila já estava finalizando o último esquema (Figura 4), que relacionava a qualificação docente pedagógica com a formação inicial e continuada, exemplificando com ações e atividades que poderiam impactar em cada uma delas.

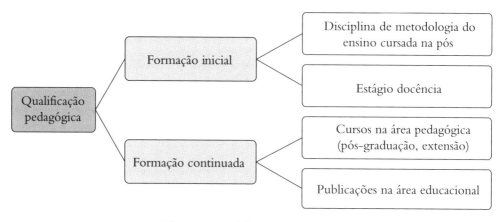

Figura 4. Qualificação pedagógica

— É fácil deduzir, Isa, que o domínio do conteúdo, embora seja crucial ao professor no exercício da docência, sozinho, não basta. Da mesma forma, as experiências como professor ou como contador são indispensáveis à formação docente. Mas, sozinhas, conduzirão a uma formação por tentativa e erro, tornando extremamente oneroso o processo de formação e, às vezes, até traumático. As três qualificações, acadêmica, profissional e pedagógica, se complementam na formação do docente para atuação no ensino superior. É lógico que não dá para se aprofundar nas três, mas pode-se transitar por elas. Leve esses esquemas que elaborei enquanto conversávamos. Eles mostram as principais variáveis relativas ao docente que impactam no desempenho acadêmico.

É fácil deduzir, Isa, que o domínio do conteúdo, embora seja crucial ao professor no exercício da docência, sozinho, não basta. Da mesma forma, as experiências como professor ou como contador são indispensáveis à formação docente. Mas, sozinhas, conduzirão a uma formação por tentativa e erro, tornando extremamente oneroso o processo de formação e, às vezes, até traumático. As três qualificações, acadêmica, profissional e pedagógica, se complementam na formação do docente para atuação no ensino superior. É lógico que não dá para se aprofundar nas três, mas pode-se transitar por elas.

Capítulo 5

– Muitíssimo obrigada, professora Camila!!! – respondeu Isa exultante com a oferta.

– Foi um prazer conversar com você, Isa!

Havia se passado mais de uma hora. A aula já havia começado. Isa apressou-se para não perder as explicações da professora Marta. Estava feliz, pois, além da conversa agradável com a professora Camila, ainda havia ganhado um "esquema" que apontava as características docentes que poderiam impactar no seu desempenho. Quase que naturalmente, já começou a analisar seus professores. Que tipo de qualificação cada um deles possuía? Isa já pensava em fazer uma pesquisa e levantar as informações sobre a qualificação docente dos seus professores, pois estava convencida de que isso poderia afetar seu desempenho acadêmico. Também pensava se haveria qualificações discentes e se perguntava a quem poderia recorrer para compreendê-las melhor. Afinal, com relação aos docentes e à instituição, ela pouco poderia fazer. "Mas sobre as 'qualificações discentes'", pensava Isa, "eu posso e vou atuar".

6 Um sonho bom é um sonho que se sonha junto

Capítulo 6

Depois de tantas conversas e pesquisas feitas em busca de saber como melhorar seu desempenho acadêmico para realizar o seu "distante" sonho, Isa ficou pensando nos "fatores" que, até então, já havia conhecido, sobre professores e instituições, mas que, na sua percepção e nos seus estudos, não eram os mais decisivos para determinar o desempenho acadêmico do estudante. Isa ficou a se questionar, então, quais seriam esses outros determinantes associados aos próprios estudantes. Assim, ela pensou que seria melhor conversar novamente com a professora Camila Lisboa. "Com certeza, ela terá a resposta a esse questionamento", pensou Isa. Andando pelo corredor da Universidade, ela encontrou com Paulo:

– Oi, Paulo, tudo bem?

– Tudo bem, Isa. E você, como está?

– Tudo bem também, apenas ainda inquieta com minhas dúvidas e reflexões filosóficas.

Ambos riram. Paulo estava aliviado por encontrá-la com tão bons ânimos.

– Isa, você é mesmo persistente, não é? O melhor a ser feito é estudar e pronto! Ficar tentando entender o que implica em melhor desempenho não fará, necessariamente, que tenha melhores resultados. Mas estudar, sim! Você gasta horas e horas pesquisando sobre isso. Precisa organizar melhor seu tempo, dormir bem e estudar.

Paulo pensava que, dessa forma, a colega se afastaria das tais "profecias" que as pesquisas traziam. Mas Isa estava decidida a ter uma postura estratégica e, para isso, precisava entender o fenômeno "desempenho acadêmico".

– Nossa! O que você acabou de dizer abriu várias janelinhas de pensamentos aqui!

– Como??!!...

– Primeiro, concordo parcialmente com o que você disse: Saber o que afeta o meu desempenho acadêmico é o primeiro passo para que eu possa melhorá-lo. Gosto de entender a natureza das coisas, o porquê de ser desse ou daquele jeito. Sair estudando sem método, sem foco, não me ajudará, Paulo. Segundo, eu concordo que, quanto mais me dedicar aos estudos, melhor será meu desempenho. E penso que esse seja um dos fatores mais importantes para se ter sucesso acadêmico, pois não adianta ter bons professores, boa infraestrutura na Universidade, se não houver esforço. Como conversamos na aula passada, o esforço do estudante é essencial, portanto, acredito que o principal responsável seja meu esforço, mas são apenas "achismos". Sabe, Paulo, penso que devem existir outros fatores relacionados aos discentes e decidi que é melhor perguntar para quem sabe do assunto. Estava indo conversar novamente com a professora Camila. Como eu lhe disse, a conversa que tive com ela sobre as qualificações docentes foi muito boa. Por isso, decidi procurá-la novamente. Você quer vir comigo?

– Não, obrigado, Isa. Preciso estudar para a prova de Contabilidade Tributária. Isso me é "imposto".

Paulo estava admirado com a persistência da amiga. E aliviado, para falar a verdade. Mas Isa seguiu seu caminho, já ansiosa com a nova conversa com a professora.

Camila estava lendo alguns relatórios quando ouviu a batida na porta de sua sala. Levantou-se e foi até a porta. Ao abri-la, Camila viu Isa, que parecia pensativa. Sorriu e disse:

— Pode entrar, Isa!

— Olá, professora Camila, estou eu aqui novamente com minhas indagações. Mais e mais indagações.

— Estava mesmo querendo falar com você. Eu ouvi rumores de que vários países da Europa estão oferecendo bolsas de estudos para estudantes que desejem fazer intercâmbio. Eu estava agora há pouco verificando no *site* do programa quais países estão participando dessa iniciativa. E pasme! O governo da Escócia oferecerá bolsas para estudantes estrangeiros, inclusive brasileiros, que queiram estudar na Universidade de Dundee, que é considerada a melhor instituição da Escócia e uma das melhores do Reino Unido. Mas é preciso satisfazer algumas exigências...

Isa sabia que o professor Alan Sangster estava na Universidade de Sussex. Mas Isa sabia que o mais importante era estar no Reino Unido, em uma universidade de prestígio. Tinha uma intuição de que, estando lá, o professor Alan a receberia para uma conversa. Assim, seu rosto estava iluminado quando exclamou:

— Não acredito!!! Que notícia maravilhosa, professora Camila! Eu sabia que não deveria perder as esperanças. E que exigências são essas?

— Para se candidatar, é preciso comprovar proficiência em inglês, ter carta de indicação de três professores, enviar um projeto de pesquisa em inglês e histórico acadêmico. Como está seu inglês, Isa?

Camila perguntou com certa apreensão, pois sabia que existia uma barreira linguística muito forte ainda no Brasil. Mas também sabia que Isa poderia surpreender. E assim foi:

— Meu inglês é fluente, professora. Desde criança meus pais sempre fizeram questão de que eu fizesse aulas e, sempre que possível, procuro colocá-lo em prática também. Minha mãe é secretária bilíngue. Às vezes, nos momentos de descontração em casa, praticamos brincando. Talvez eu tenha um pouco de dificuldade na elaboração do projeto.

— Com relação ao projeto, fique tranquila, escreva e me envie. Conversarei com os outros professores para darem uma olhada também. Te ajudaremos a fazer uma proposta bem coerente. E as cartas de recomendação, nós, professores, faremos com muito prazer.

— Certo! — respondeu Isa muito feliz, com um sorriso aberto no rosto.

— O histórico escolar é só solicitar no setor de atendimento ao aluno, Isa. E aí...

Camila fez um gesto com os dois braços abertos, como se estivesse voando. As duas começaram a rir, muito felizes. Isa não se conteve e deu um abraço bem apertado, quase sufocante, na professora Camila.

— Professora Camila, você sabe o que a bolsa cobre?

Capítulo 6

– Sim, Isa, no *site* está tudo bem explicadinho. Cobre todos os custos de anuidade da instituição, bem como deslocamento, seguro-saúde e auxílio instalação, além de um valor mensal para manutenção no país.

– Preciso dar essa boa notícia aos professores Marta, Raquel e Beto. Eles ficarão muito contentes com essa possibilidade. Bem, mesmo antes de receber essa notícia, eu já continuava na luta para entender como posso melhorar meu desempenho acadêmico e conseguir realizar meu tão sonhado desejo. Agora, então, vou me empenhar ainda mais.

Camila imediatamente pensou o que poderia ter afetado uma pessoa com a história de vida de Isa. Ela era alguém que lutava contra todas as probabilidades. Mas decidiu aguardar Isa concluir o pensamento.

– Hoje, Paulo e eu estávamos discutindo o quanto a dedicação aos estudos pode influenciar no desempenho, apesar de todas as outras variáveis. E levantamos a hipótese de que essa seria uma variável importante. Foi aí que decidi procurá-la, para ouvir o que a senhora teria a dizer sobre o assunto.

Camila ficou séria. Adotou um tom diferente, mais "professoral".

– Bem, Isa, é difícil afirmar qual o peso de cada variável na determinação do desempenho acadêmico. Contudo, ao estudar sobre o assunto, a grande maioria das pesquisas aponta que os determinantes relacionados ao próprio discente são aqueles que têm maior influência sobre o desempenho acadêmico.[1]

Nesse momento Isa olhou seu relógio e percebeu que já estava na hora da aula da professora Marta. Não queria perder aulas para que seu desempenho não fosse afetado. Então, desculpou-se com a professora Camila, agradeceu pela notícia e pelas dicas, e saiu rapidamente da sala de Apoio Pedagógico. No corredor, encontrou Paulo.

– Ei, Paulo, você não vai acreditar no que tenho para lhe contar...

– O que aconteceu, Isa?

– Tenho chances de ir estudar na Escócia!!!

Nesse momento, Paulo mudou o semblante. Ficou entre um misto de felicidade e preocupação. Parece que algo lhe incomodava com a notícia. E, por isso, Isa indagou:

– Paulo, é impressão minha ou você não ficou muito feliz com a notícia?

– Claro que fiquei, Isa. Só me preocupo. Ah! Deixa para lá!

Ambos abaixaram a cabeça e começaram a se dirigir para a sala de aula. Caminharam em silêncio até lá. Quando chegaram, a aula já havia começado. A professora Marta estava explicando o conteúdo sobre Ponto de Equilíbrio Econômico. Ela ressaltou que, para o entendimento desse assunto, era de extrema importância os conceitos sobre custos vistos no semestre anterior. Nesse momento, Paulo olhou para Isa e falou:

– "A vaca foi para o brejo"! Não me lembro de nada da matéria do semestre passado e passei "raspando" na média, não aprendi aquele conteúdo. Meu desempenho foi péssimo. Será que vou conseguir acompanhar essas aulas?

Nesse momento, Isa conseguiu apenas visualizar a palavra "desempenho" na fala de Paulo e retornou com uma pergunta.

– Paulo, será que o desempenho que tivemos em períodos anteriores influencia nosso desempenho atual?

Paulo balançou a cabeça, pensando que agora Isa via desempenho acadêmico em tudo. Isa ficou pensativa, mas logo a professora Marta fez uma pergunta sobre o conteúdo e Isa rapidamente voltou sua atenção para a aula. Ao término das aulas, Isa foi para sua casa, mas a pergunta de Paulo ficou martelando em sua mente.

No dia seguinte, o relógio despertou e Isa não conseguiu se levantar da cama. Ardia em febre e, por causa disso, não foi para a faculdade. Acompanhada de sua mãe, Dona Glória, foi ao pronto atendimento de um hospital próximo a sua casa. Pela terceira vez, Isa foi diagnosticada com dengue. E, desta vez, a notícia não era nada boa, pois a doença era o tipo mais grave, conhecida como dengue hemorrágica. Imediatamente, Isa foi internada. Quando Paulo soube da notícia, correu para o hospital. Chegando lá, conversou com a mãe de Isa. Aos prantos, Dona Glória disse que o estado de Isa era realmente muito grave e que os médicos não descartaram nenhum risco, inclusive o de morte.

Paulo ficou muito assustado com a notícia. Pensou imediatamente: "Tenho que avisar os professores da faculdade sobre a situação de Isa". Assim, foi até a faculdade formalizar junto à secretaria do curso as justificativas das ausências que Isa teria. Quase chegando na secretaria, encontrou com Beto. Beto ficou preocupado com o ar triste de Paulo.

– Professor Beto, tenho uma notícia nada agradável. Isa ficou doente. Ela está com dengue hemorrágica e foi internada hoje no Hospital Santa Misericórdia. O estado dela é muito grave.

Beto estava consternado. Tinha uma profunda admiração por aquela moça tão dedicada.

– Nossa, é mesmo, Paulo? Ela já teve dengue anteriormente, não é?

– Sim, professor, esta é a terceira vez. E, por isso, a situação se agravou. Vou comunicar aos demais professores e à coordenação do curso, pois me parece que ela precisará ficar alguns dias longe das aulas.

Beto concordou enfaticamente. Queria que Paulo tivesse a certeza de que o mais importante era Isa se cuidar.

– Fique tranquilo, Paulo. E cuide de deixar Isa tranquila também.

– Tenho certeza de que Isa deve estar desesperada por perder as aulas. Ainda mais que, na próxima semana, teremos provas. Tomara que ela já esteja bem até lá!

– Paulo, mas essa não é hora de ela se preocupar com as aulas. É hora de se preocupar em reestabelecer a saúde.

– É, sim, eu sei e concordo. Mas, conhecendo-a, tenho certeza de que deve estar pensando na faculdade e em suas atividades acadêmicas. Por isso, professor, o

Capítulo 6

importante é que todos os professores saibam e que haja como assegurar uma forma de ela recuperar esses dias perdidos.

Ambos se despediram. Paulo saiu, preocupado, para conversar com a professora Raquel. Ele sabia que havia um regime especial para estudantes em algumas situações específicas. "Talvez esse regime especial se aplique a casos como o de internação!", pensou.

Passaram-se cinco dias e a situação de saúde de Isa estava só piorando. A contagem do número de plaquetas continuava diminuindo, a ponto de o médico deixar Dona Glória em alerta sobre a necessidade de fazer transfusão de plaquetas, caso a situação não se alterasse. Dona Glória ligou para o pai de Isa. Nesse momento, Paulo chegou ao hospital para visitar a amiga e ouviu da mãe de Isa toda a situação. Paulo ficou muito preocupado e decidiu permanecer com Dona Glória e esperar pelos resultados de novos exames. Mais tarde, foram realizados tais exames e, pelo menos, temporariamente, o número de plaquetas havia se estabilizado. As visitas foram finalmente liberadas. Paulo ficou aliviado por poder visitar Isa. Entrou no quarto e a encontrou deitada, desanimada, em frente à janela. Ao se aproximar, pôde perceber o quanto estava abatida.

— Isa, nem vou perguntar como você está, porque está visivelmente debilitada...

Isa se voltou para o amigo e tentou esboçar um sorriso. Mas mesmo isso parecia um esforço enorme.

— Nem me fale, Paulo, estou me sentindo tão indisposta. Mas sabe com o que estou mais preocupada?

Paulo meneou a cabeça, completando a fala da amiga:

— Claro que sei! Com sua ausência às aulas. Acertei?

— Sim, exatamente, estou preocupada com as faltas. Perdi muito conteúdo nesses dias que estou aqui? E as provas? Ai, meu Deus! Preciso melhorar logo, senão, a cada dia que passa, meu sonho fica mais longe de mim...

Paulo cuidou de acalmar a amiga. Cada vez mais se sentia parte daquele sonho.

— Isa, mantenha a calma, tudo dará certo. Estou fazendo algo que não estou acostumado a fazer, que é copiar a matéria todinha para depois te passar.

Ambos sorriram. Isa sabia o quanto o colega deveria estar se esforçando para anotar as aulas. Ele nunca trouxera sequer um caderno para a sala. Aquilo a animou.

— Mesmo!!?? Isso realmente é um milagre! É como aquele ditado popular, "há males que vêm para bem".

Por um momento pareceu que todo o mal-estar passara. Isa olhou para o amigo e ambos riram.

— Nem vou lhe pedir que faça esforço para me contar a origem desse ditado! Olha, Isa, eu já avisei aos professores. Conversei com o professor Beto e os demais professores, assim que você foi internada. Há um regime especial de estudos para casos como o seu. O professor Beto me assegurou que, agora, o mais importante é que se concentre em sua recuperação!

Isa suspirou aliviada. Sentiu que o amigo estava mesmo dedicado a fazer o possível e o impossível para ajudá-la. Conversaram por mais um tempo, mas Isa estava tão enfraquecida que caiu no sono. Olhando a amiga dormir, Paulo desejou, de coração, que o sonho dela se realizasse, mesmo com tantas adversidades.

Os dias foram passando e o estado de saúde de Isa ainda não a permitia sair do hospital. No décimo oitavo dia de internação, por ser uma aluna muito querida e dedicada, os professores Beto e Camila decidiram ir visitá-la. Beto pediu ainda à sua esposa Helena que os acompanhasse. Helena era psicóloga e dava aulas no curso de Pedagogia. Ela tinha um jeito todo especial com os estudantes. Beto intuía que ela poderia ajudar a tranquilizar Isa. Eles queriam que ela se dedicasse integralmente à recuperação de sua saúde e não se preocupasse tanto com os estudos e o desempenho acadêmico. Pelo menos, por enquanto. Ao chegarem, ficaram consternados ao encontrá-la tão enfraquecida e abatida. Camila falou:

– Olá, Isa, nós viemos te fazer uma visitinha. Como você está se sentindo?

– Olá, Isa! Essa é minha esposa Lena, ou melhor, Helena. Lena é um apelido que ela recebeu ainda na infância. Ela é psicóloga e dá aulas no curso de Pedagogia – disse Beto.

Isa sorriu para a esposa do professor Beto. Já vira a foto dela na mesa do professor. Ela parecia muito gentil e tranquila. Lena também ouvira muito falar de Isa, desde o início da iniciação científica. E, mais recentemente, sobre o "sonho de Isa". A simpatia entre as duas foi instantânea.

– Olá, como está, Isa? É um prazer conhecê-la, apesar das circunstâncias. Beto fala muito de você.

– Nossa! Que alegria ver vocês! Professora Helena, é um prazer conhecê-la também. Eu estava pensando aqui em uma das teorias sobre a qual li, a tal Teoria da Atribuição. Ela realmente explica muita coisa. Já de antemão, atribuo o péssimo desempenho que terei nas provas a um fator externo e incontrolável: essa bendita dengue! Ninguém merece...

Todos caíram no riso. Helena se encantou com aquela pessoa que, apesar de tantas adversidades, ainda era capaz de manter o bom humor. E pareceu que Beto lera seu pensamento, pois ele exclamou:

– Ah, Isa, você não perde o bom humor! Fico contente com isso!

– Sabe, professor Beto, estou extremamente preocupada com o tempo que fiquei sem comparecer às aulas. Perdi conteúdo novo e trabalhos de várias matérias. Perdi provas. Como vou conseguir recuperar tudo isso?

– Isa, realmente, a presença em sala de aula é importante para o processo de ensino-aprendizado. A exposição do conteúdo pelo professor, as discussões realizadas em sala de aula, tudo isso contribui para que o estudante aprenda. Entende, agora, por que sempre faço duas chamadas, uma no início e outra no final da aula? É uma maneira de "incentivar" os estudantes a ficarem em sala de aula.

Capítulo 6

Camila e Helena se entreolharam. Sabiam que esse "incentivo" era utilizado por muitos professores, mas que, na verdade, nem sempre era efetivo. Camila ouvira atentamente o diálogo e resolveu complementar:

– Isa, talvez esse nem seja o melhor momento. Viemos te visitar e não falar sobre o desempenho. Mas, como está ansiosa e tocou no assunto, vou lhe dizer: você acaba de vivenciar na pele uma das variáveis determinantes do desempenho acadêmico, que é o absenteísmo. Claro que seu caso não foi por opção ou escolha. Foi por motivos de força maior. E, posso lhe dizer, que até isso influencia o desempenho. Se o aluno falta, mas por um fator externo a ele, como trabalho ou doença, entre outros, mas o estudante está motivado, a ausência na sala de aula poderá trazer algum prejuízo, mas este será amenizado pelo esforço de "correr atrás" do que foi perdido. No entanto, se ele falta por não estar com vontade de ir à aula, ou seja, por estar desmotivado, a tendência é que o impacto negativo no seu desempenho acadêmico seja maior. A literatura sobre o assunto é unânime em apontar a relação negativa entre absenteísmo e desempenho acadêmico.

Isa pareceu refletir, seriamente, por um momento. Mas, depois, sorrindo, fez uma nova brincadeira:

– Ou seja, preciso sair daqui logo e ir para a aula, "correr atrás do prejuízo".

Todos riram novamente. Helena estava cada vez mais encantada com aquela pessoa. E Beto percebia claramente isso só de olhar para a esposa.

– Sabe, professora Camila, brincadeiras à parte, adorei sua explicação. E concordo plenamente que a presença em sala de aula faz toda diferença. Pensando por essa perspectiva, professor Beto, até revejo minha opinião sobre as duas chamadas no início e ao final da aula. Você tem toda razão em fazê-las!

Apesar de encontrarem Isa tão brincalhona, Camila, Beto e Helena perceberam que ela estava se cansando. Foi preciso apenas trocarem um olhar para que concordassem que o objetivo da visita já tinha sido alcançado. Beto, então, comentou:

– Isa, só viemos te visitar e te desejar melhoras. Saiba que pode contar conosco. Deixaremos você descansar agora.

– É isso mesmo, Isa. Eu fico à disposição para conversarmos quando estiver melhor. Beto comentou comigo que tem se interessado muito por teorias relacionadas à aprendizagem e essa é minha especialidade. Percebi até que já leu sobre a Teoria da Atribuição e estou impressionada! Queria lhe dizer sobre algo que aprendi: **a dificuldade da luta só aumenta o valor da conquista.** Pense nisso e cuide agora da sua saúde.

O olhar de ambas se cruzou e Helena percebeu que os olhos de Isa se encheram de lágrimas. Sabia que eram de alegria. Sorriu para ela, pegou na mão de Isa com suas duas mãos, e a segurou por um tempo, com força e carinho.

– Obrigada, professora Helena! Agradeço imensamente a visita de vocês!

Helena saiu pensativa. Beto observava a esposa e sabia o quanto ela devia ter se interessado pelo caso de Isa. Helena estudava resiliência e, durante sua vida profissional, havia se aproximado exatamente de histórias de vida como a de Isa. "Com certeza, uma aproximação entre essas duas fará bem a Isa", pensou Beto. Enquanto entravam no carro, para seguirem em direção à universidade, Helena fez várias perguntas a Camila sobre Isa. As duas eram grandes amigas e participavam juntas de muitos projetos.

Isa ficara realmente mais animada com a visita dos professores. Apesar de ainda muito fraca, ao ficar sozinha, Isa se colocou a pensar sobre tudo que já havia aprendido referente ao que poderia afetar seu desempenho acadêmico e percebeu que existem mais variáveis do que ela imaginara a princípio. Algumas controláveis, outras não. Algumas estáveis, outras instáveis. Variáveis internas e, outras, externas. Isa ficou bem entristecida por estar doente. Essa era uma causa externa e incontrolável. Ela não tinha muito o que fazer, embora soubesse que seria passageiro, ou seja, instável. Restava a ela apenas descansar para melhorar o mais rápido possível e retomar a sua rotina.

Mas havia outro fator que estava afligindo Isa. Um sonho menor, que estava tão perto, mas, por conta de um fator incontrolável, talvez escapasse de suas mãos. Isa havia participado do programa de iniciação científica, sob orientação do professor Beto, e o fruto dessa participação era um artigo científico. Isa gostaria de submeter esse artigo a um congresso renomado, como o *European Accounting Association*, mas o prazo máximo para a submissão se esgotaria dali a dois dias. Faltavam apenas alguns ajustes. Além disso, o professor Beto havia dito que, na sua concepção, o artigo teria chances de aprovação e que isso seria importante para ajudá-la a ingressar no mestrado na universidade da Escócia.

Isa continuava com suas reflexões: Como conseguirei terminar esse artigo para submissão? Será que perderei o prazo? Sem falar que, neste ano, o *European* seria na Escócia. Ótima oportunidade para conhecer o país e para encontrar alguns dos principais pesquisadores e pesquisadoras europeus em Contabilidade. "Mas acho que não vou conseguir. Não tenho força nem para segurar o *notebook*", pensou Isa, muito triste.

Nesse dia, Isa dormiu muito entristecida, pois seus sonhos pareciam se tornar, a cada dia, mais distantes. No entanto, seu último pensamento antes de cair no sono foram as palavras da professora Helena: "a dificuldade da luta só aumenta o valor da conquista!". E Isa "sentiu" novamente o calor e o carinho das mãos de Helena apertando as suas. Isso lhe trouxe conforto.

No outro dia, Isa acordou e pediu a sua mãe que levasse o seu computador ao hospital para que ela pudesse finalizar o artigo. Dona Glória disse claramente que não faria isso, pois Isa precisava descansar para se recuperar logo. Os médicos também reforçaram que a situação dela não era de uma simples dengue e que o repouso era essencial para a recuperação. Isa chorou muito por não conseguir atingir uma de suas metas e, assim, não cumprir as "etapas" a que havia se proposto para a realização de

Capítulo 6

seu sonho. O prazo passou e Isa não conseguiu enviar o artigo sobre sua pesquisa ao Congresso da Europa. Ficou muito frustrada.

Quando Isa completou 25 dias internada, recebeu uma boa notícia do médico. Finalmente ela poderia ir para casa. Mas ainda necessitaria de repouso. A primeira pergunta de Isa foi: "Mas posso ir à faculdade normalmente, certo?". Com gesto afirmativo, o médico lhe disse que sim. Diante dessa resposta, Isa saiu radiante do hospital e foi para sua casa. Dona Glória não escondia a preocupação, pois conhecia a filha e sabia que seria difícil mantê-la em repouso. Chegando em casa, Dona Glória e Isa encontraram Paulo já à espera.

– Isa, como é bom te ver aqui e bem! Você nos deu um baita susto, menina!!!

– Acho que assustei até a mim mesma, meu amigo!

Ambos caíram na risada, aliviados que o susto tenha passado. Dona Glória observava o carinho que ambos demonstravam um para com o outro com alegria. Paulo trouxera chocolates e um caderno, cheio de anotações.

– Paulo, você trouxe toda a matéria que perdi?!

– Claro! – disse Paulo, entregando a Isa um caderno de capa vermelha e os chocolates.

Isa agradeceu os chocolates, pegou o caderno e começou a folhear. Estava dividido por disciplina, com a indicação de cada uma das aulas, em cada matéria. Além das anotações de aula, Paulo havia feito um resumo das leituras e incluído as atividades de aprendizagem com as orientações de cada exercício e a resolução comentada. Isa se surpreendeu com o cuidado do amigo em fazer exatamente como ele sabia que Isa faria. Olhou-o sem esconder a gratidão, mas com uma ponta de preocupação também:

– Meu Deus! Não acredito que você fez tudo isso! Muito obrigada, meu amigo!

Isa abraçou Paulo carinhosamente e, depois, voltou a folhear o caderno.

– Nossa! Perdi muito conteúdo novo! Não sei nem por onde começar...

– Primeiro, você deve ir devagar, Isa. Você acabou de sair do hospital. Em segundo lugar, você sabe que te ajudarei e os professores também. Então, "No stress"! "Don't worry, be happy!".

Isa sorriu aliviada, lembrando-se da agradável visita dos professores quando ainda estava internada.

– Muito obrigada, Paulo! O mais importante você já fez: copiar o conteúdo dessa forma tão organizada e cuidadosa. Obrigada! Você também me deixou a par dos assuntos tratados em sala de aula. Além disso, nossa faculdade tem o ambiente virtual de aprendizagem, que é um excelente recurso para que eu busque os conteúdos e os recursos de aprendizagem. Sinto que agora é comigo! Afinal, parece que sou a protagonista da história da aprendizagem, não é mesmo?

Paulo olhou com admiração para a colega e disse:

– Essa é a Isa que eu conheço! Sempre pronta para a batalha! Mas não se esqueça de que a vida é doce! – emendou, apontando para a caixa de chocolates.

Os dois deram gargalhadas. Paulo se despediu e Isa ficou a pensar em estratégias que poderiam lhe ajudar a recuperar o tempo perdido. Analisou todo o conteúdo anotado e o grau de dificuldade de cada tema. Pensou nas oportunidades perdidas, principalmente no Congresso da *European Accounting Association*. Ainda estava inconformada com isso! Mas colocou esse pensamento de lado e buscou estratégias para enfrentar cada um dos desafios. Elaborou um plano de estudo para cinco dias, que era o prazo que iniciaria a bateria de provas que havia perdido na faculdade. Considerando esse prazo, Isa distribuiu a quantidade de horas de que dispunha para estudar cada conteúdo perdido e elaborar as atividades de cada disciplina. Posteriormente, finalizaria o artigo para sua iniciação científica, para enviá-lo a algum outro congresso. Anotou em seu diário um lembrete para conversar com o professor Beto e escolherem juntos um congresso para enviar o artigo.

Passaram-se os cinco dias e Isa havia cumprido quase todas as tarefas. Havia estudado muito, embora ainda estivesse com muitas dúvidas. Também finalizou o artigo e chegara a hora de decidir com o professor Beto para qual evento enviariam o trabalho. Assim, preparou um e-mail e enviou ao professor, anexando o artigo concluído e pedindo a sua ajuda para escolherem um novo congresso. Mal havia enviado, chegou a resposta. O professor marcou um horário para eles conversarem naquele mesmo dia, antes do início das aulas. Isa ficou contente com a prontidão da resposta. "É, com certeza, Paulo tem razão. Posso contar com nossos professores!", pensou Isa. Cuidou de reler o artigo mais uma vez e se preparar para a reunião, contente que as coisas haviam voltado a caminhar.

Ao chegar à faculdade, dirigiu-se para a sala do professor Beto. Encontrou-o absorto, lendo o artigo. Esperou por uns minutinhos à porta até que parecesse que ele havia concluído a leitura de determinado trecho. Quando o professor se encostou na cadeira e apoiou o lápis com o qual fazia anotações, Isa soube que era a hora de anunciar sua presença e disse:

– Olá, professor Beto, tudo bem? Você tem aqueles minutinhos para conversarmos?

Beto ergueu os olhos e viu Isa parada na porta de sua sala, que sempre deixava aberta. Para ele, era importante que os estudantes sentissem que poderiam recorrer a ele e a porta aberta era um desses sinais que dava de sua disponibilidade. Ainda estava com as ideias rodando em sua cabeça sobre o artigo de Isa. Ele havia ficado muito bom e, como sempre, ela demonstrara a paixão pelo tema e cuidado na pesquisa. "Isa tem espírito de uma pesquisadora!", pensou Beto, enquanto dizia:

– Olá, Isa, que prazer em vê-la aqui na faculdade novamente, e com a saúde restabelecida! Entre, vamos conversar!

Isa entrou e logo se sentou na cadeira em frente à mesa do professor, como havia feito nas diversas reuniões que tiveram enquanto Isa desenvolvera a pesquisa. Era reconfortante retomar essa rotina.

Capítulo 6

– Pois é, professor Beto, também estou feliz em retornar. Lembra-se do artigo que estava desenvolvendo a partir da pesquisa de iniciação científica que realizei sob sua orientação?

Beto balançou as folhas que estivera lendo para mostrar para Isa que era o artigo.

– Sim, Isa, claro que lembro! Eu estava justamente fazendo a leitura dele agora.

Isa ficou um pouco aflita com essas palavras, já ansiosa por saber a opinião do professor. Mas, antes que ele pudesse continuar, Isa emendou:

– Consegui finalizá-lo, professor, mas não a tempo de enviá-lo para o Congresso da *European* como havíamos conversado, infelizmente...

Beto fez um sinal de que não se importava e Isa já ficou mais tranquila. Era bom contar com um orientador assim, compreensivo.

– Professor, você sabe o quanto essa pesquisa é importante para mim e o quanto ter o trabalho apresentado no congresso poderia ser "meio caminho andado" para eu conseguir ingressar no Mestrado na Escócia. Mas, fazer o quê? O jeito é procurar outra oportunidade de submissão.

Por mais que conhecesse Isa, Beto não deixava de admirar sua persistência. A pesquisa tinha sido uma das melhores que orientara. Isa era uma aluna criativa e com iniciativa, buscava sempre temas próximos ao coração. "Com certeza, vários congressos nacionais terão acolhida para uma pesquisa como essa!", pensou Beto. "Além disso, a exposição de Isa aos congressos nacionais, nos quais vários pesquisadores da área estarão presentes, é a ponte para um plano B, caso esse mestrado na Escócia não se concretize", pensou Beto. Ele era uma pessoa "pé no chão", como sempre dizia sua esposa Helena. Sempre pensava em um "plano B", às vezes até no "plano C".

– Isa, podemos pensar em algumas excelentes opções de Congressos Nacionais, pois vários estão com inscrições abertas, como o Congresso da USP, na Universidade de São Paulo, o Congresso da UnB, na Universidade de Brasília, e temos, ainda, o Congresso da UFU, na Universidade Federal de Uberlândia. Os três são encontros bem qualificados na área, organizados por instituições que mantêm programas de mestrado e de doutorado e que costumam atrair pesquisadores do país inteiro e mesmo de outros países. Ficará a seu critério a escolha. Na minha opinião, o assunto tratado no seu artigo está bem alinhado à temática do Congresso da UnB, que tem trazido para as sessões plenárias pesquisadores de renome e de diferentes perspectivas teóricas. Por ser um congresso tradicional, sua pesquisa pode ganhar uma excelente exposição.

"O professor Beto realmente sabe como me animar!", pensou Isa, sorrindo. Apesar de seu plano inicial ser o congresso internacional, um congresso nacional, como o da UnB, seria um excelente começo.

– Ótimo! Então, decidido! Enviarei o artigo ao Congresso da UnB. Posso também enviar para o Congresso da USP?

Um sonho bom é um sonho que se sonha junto

– Isa, depende das regras de ineditismo que os congressos tenham definido. Vale verificar nos *sites* na internet com cuidado. A tendência na área de negócios aqui no Brasil tem sido abrir a possibilidade de apresentação em mais de um congresso, como forma de amadurecer a pesquisa para uma submissão a periódicos. Assim, você apresentaria em um congresso, depois faria melhorias no trabalho advindas das contribuições dos avaliadores e dos debatedores, para depois submeter a outro evento.

Isa anotou com cuidado no caderno para lembrar-se de verificar as regras de cada congresso. O professor retomou sua fala:

– Isa, fiz diversas anotações e sugestões ao ler o artigo. Estão todas aqui, nesta via impressa, nas margens e ao longo do texto. Leve com você, leia e procure fazer os ajustes. Podemos voltar a conversar sobre o artigo se restarem dúvidas. Como temos prazo, podemos fazer várias rodadas e deixar o texto bem-acabado.

Isa abriu um sorriso largo enquanto pegava as folhas que o professor lhe estendia. Passou os olhos e viu que havia várias observações escritas com aquela letra que já aprendera a "decifrar". Ela sabia o quanto essas sugestões a fariam pensar em pontos importantes para deixar o artigo "redondinho". "Como é bom contar com um professor como o Beto!", pensou Isa, enquanto guardava cuidadosamente as folhas em sua pasta de pesquisa.

Beto ficou contente ao ver Isa novamente animada. Mas sentiu que havia mais alguma coisa que ela queria lhe dizer. Assim, perguntou:

– Isa, há mais alguma coisa lhe preocupando?

– Bem, professor, eu perdi várias de suas aulas... Estudei o conteúdo pelo livro, vi algumas videoaulas. Paulo me entregou anotações muito organizadas e todos os exercícios resolvidos e comentados. No entanto, ainda estou cheia de dúvidas.

Beto ficou feliz em ouvir que Paulo estava apoiando esse retorno de Isa. Ele estivera preocupado com a atitude do estudante recentemente. "Parece que essa dengue serviu para aproximá-los ainda mais!", pensou Beto.

– Isa, não se preocupe! Você deixou de assistir às aulas sobre um dos pontos mais polêmicos da disciplina. Logo, é normal que tenha dúvidas. Pegue o seu caderno e vamos cuidar de esclarecê-las.

Isa pegou o caderno e o abriu em um exercício. Era um dos mais complicados, sobre um tema complexo. Beto ficou um bom tempo esclarecendo as dúvidas de Isa. Saiu da conversa com o professor Beto contente por ter entendido o conteúdo que lhe parecera, inicialmente, tão difícil. Depois daquela sessão, Isa se sentiu muito mais confiante de que conseguiria retomar os estudos sem tanto prejuízo. Estava se despedindo do professor quando a professora Camila Lisboa, que estava passando pelo corredor e ouviu a voz de Isa, entrou na sala para cumprimentá-la.

– Isa, como é bom vê-la esbanjando saúde!

– Olá, professora Camila! É um prazer revê-la também! Estou aqui, correndo atrás do "prejuízo", tirando umas dúvidas com o professor Beto!

Capítulo 6

Camila relembrou a Isa a data-limite da inscrição para concorrer à bolsa que o governo escocês estava oferecendo. E trocou um olhar com o colega que parecia também bastante contente. Sentiu que as coisas estavam se encaminhando. Olhou novamente para Isa e sorriu.

– Ah, professora! Essa experiência me mostrou que, realmente, as pesquisas sobre o desempenho acadêmico sobre as quais conversamos se confirmam. A ausência em sala de aula, seja ela causada por qualquer motivo, prejudica, e muito, o processo de aprendizagem do estudante. Já iniciei a realização das provas que perdi e já constatei que meu desempenho foi afetado consideravelmente por eu ter faltado tanto tempo.

Camila inclinou a cabeça, adotando um ar sério:

– Infelizmente, é assim mesmo, Isa. Como você é uma estudante muito esforçada e se dedica bastante, tenho certeza de que logo essa queda no rendimento acadêmico será amenizada pela sua capacidade de autorregulação e autodeterminação. Não se preocupe! Bem rápido, você estará em dia com as matérias, tenho certeza! Foi um prazer revê-la, mas tenho aula agora. Depois poderemos conversamos com mais calma.

Camila estendeu a mão, despedindo-se de Isa e acenando para o colega. Isa também aproveitou para se levantar e sair:

– Até mais, professora Camila. Até mais, professor Beto. Eu também já vou porque tenho aula e preciso recuperar cada minuto perdido. Muito obrigada pela atenção, mesmo!

Isa seguiu para a sala de aula inundada por seus pensamentos e pela vontade incessante de perseguir os seus sonhos. Seguia animada pela perspectiva de participar dos congressos da USP e da UnB e pela ideia de concorrer à bolsa na Escócia. Sabia que seria difícil, mas contava com a ajuda da família, dos colegas e dos professores. Ela começava a acalentar a ideia de que seu sonho estava sendo sonhado por várias pessoas! Sem perceber, Isa, em seus pensamentos, quase repetia as palavras da professora Marta: "Um sonho bom é aquele que se constrói junto com pessoas queridas!".

No dia seguinte, Isa procurou Camila para auxiliá-la a fazer a inscrição para concorrer à bolsa oferecida pelo governo escocês. Nessa etapa ainda não era necessário o envio do projeto e das cartas de recomendação. Ao terminarem de preencher os primeiros formulários *on-line*, as duas se olharam, felizes, e se abraçaram: Um sonho bom é um sonho que se sonha junto! Cada vez mais, essas palavras faziam imenso sentido.

7

O passado afeta o futuro?

Capítulo 7

Um novo semestre se iniciou na faculdade e Isa estava ansiosa para conhecer seus novos professores, a forma de avaliação, o conteúdo de cada nova disciplina etc. Durante a primeira semana, ela se dedicou a tudo isso, observou atentamente cada um dos planos de disciplinas apresentados. Isa gostou de todos os professores e de todas as professoras. No entanto, não gostou muito da metodologia de ensino adotada por uma de suas professoras, a professora Beth, responsável pela disciplina Administração Financeira 2. Na semana seguinte, Isa foi logo comentar com Paulo, que havia faltado na primeira semana de aula.

– Paulo, você perdeu a primeira aula da professora de Administração Financeira 2. Você acredita que, daqui a 15 dias, ela aplicará uma prova com todo o conteúdo ministrado na disciplina de Administração Financeira 1, do semestre passado, e que essa prova valerá 10% da nota do semestre?

Paulo estava surpreso. "Mas por que a professora faria isso?", pensou.

– Não me diga isso, Isa!

– Estou indignada! Até me lembro da matéria. Mas como ela pode cobrar um conteúdo que nem foi ministrado por ela?

Paulo ficou pensativo. Deveria haver uma razão.

– Mas qual foi a justificativa dela para fazer isso?

Isa teve que deixar sua indignação de lado para tentar retomar os argumentos da professora.

– Ela só disse que era importante sabermos esse conteúdo para aprendermos a nova matéria, pois o conhecimento é sequencial... algo assim. Amanhã falarei com ela sobre o assunto. Vou, pelo menos, pedir que a avaliação não tenha pontuação, ou que, quem sabe, nem tenhamos essa avaliação!

Paulo conhecia a colega quando ela assumia o papel de representante. E sabia que, se Isa chamara para si essa causa, não seria por conveniência, mas sim porque achava ser uma causa justa.

– Isa, eu te apoiarei!

No outro dia, assim que a aula começou, Isa levantou a mão. Quando a professora lhe deu a voz, Isa disse:

– Professora Beth, não estamos confortáveis em realizar essa avaliação em relação ao período anterior. Eu, por exemplo, perdi várias aulas, vou ser prejudicada... Não poderíamos realizar outra atividade referente a esse conteúdo?

A professora Beth pareceu ponderar as palavras de Isa. Percebeu que vários estudantes demonstraram claramente concordância com as ponderações da colega. Lembrou-se, ainda, de que Raquel havia comentado que Isa era uma aluna séria e dedicada e era a representante da sala. Decidiu abrir uma via de negociação.

– Isa, foi ótimo que tenha feito sua colocação. Acho que preciso esclarecer melhor o motivo dessa atividade. O conteúdo que trabalharemos ao longo deste semestre nada mais é do que uma continuação do que foi visto no semestre anterior. Portanto, é essencial que vocês tenham alcançado certo nível de compreensão da matéria anterior para que possamos partir desse ponto. Existe uma teoria que explica o que estou propondo para vocês: é a Teoria da Aprendizagem Significativa, cujo precursor foi um psicólogo norte-americano chamado David Ausubel, em meados dos anos 1980.

> *É a Teoria da Aprendizagem Significativa, cujo precursor foi um psicólogo norte-americano chamado David Ausubel, em meados dos anos 1980.*

Beth percebeu claramente que havia fisgado a atenção de todos. Especialmente a de Isa, que abrira um caderno especial, parecia mesmo um diário, e tomava notas atentamente. Decidiu se aprofundar na discussão da teoria.

– Segundo a Teoria da Aprendizagem Significativa, para que o aprendizado de fato aconteça, é necessário que sejam satisfeitas três condições.

Beth caminhou até a lousa e escreveu com uma letra bastante clara e em uma organização perfeita sobre cada uma das três condições enquanto falava pausadamente:

– Primeiro, que o material a ser aprendido seja potencialmente significativo. Segundo, que os conceitos já existentes na estrutura cognitiva sejam considerados para que os novos saberes sejam "ancorados". Terceiro, que o indivíduo tenha predisposição para relacionar esses conceitos. Para Ausubel, o conhecimento prévio sobre o assunto que será aprendido é um dos fatores que mais influenciam a aprendizagem. Então, vamos analisar se a Teoria se aplica à nossa realidade, turma?

Enquanto ouvia, Isa ia mentalmente relembrando como cada professor que a ajudou a mapear as variáveis fazia questão de ouvi-la, para certificarem quais conhecimentos possuía, para só então prosseguirem com suas análises e aprofundá-las.

Em outra parte da lousa, Beth estruturou um quadro em que organizou três retângulos para cada um dos fatores ou condições (Figura 1).

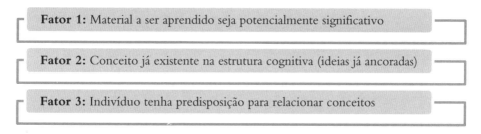

Figura 1. Teoria da Aprendizagem Significativa

Apontando para o fator 1, na lousa, a professora disse para a turma:

– Não tenho dúvidas de que o conteúdo é significativo para a formação de vocês. Conhecer e desenvolver administração financeira em uma empresa pode ser determinante para que ela tenha lucratividade e continuidade no mercado. É ainda

Capítulo 7

mais importante se, nessa disciplina, tivermos que suprir as lacunas que tenham ficado na disciplina anterior. Aliás, a presença no currículo de duas disciplinas obrigatórias sobre o assunto demonstra a relevância do tema.

A professora se reposicionou, agora apontando para o fator 2, que também estava relacionado na lousa:

– Bom, pessoal, aqui entra a ideia de termos a nossa avaliação. Minha intenção é verificar se o conteúdo inicial e as ideias básicas sobre o assunto já estão fixados, ou seja, "ancorados" na estrutura cognitiva de vocês, para que possamos expandir os horizontes e aprofundar no conteúdo deste semestre. Novamente, se houver deficiências importantes, precisaremos rever e preencher essas lacunas, ou seja, minha intenção não é punitiva, mas, sim, diagnóstica e prospectiva.

Ouvindo a professora Beth, Isa logo se lembrou da conversa com a professora Marta sobre avaliação. Tratou de tomar nota em seu diário dessa relação entre a avaliação diagnóstica e a teoria. A professora continuou a falar, agora posicionando-se ao lado do fator 3:

– Esse ponto não preciso nem comentar, não é mesmo? Tenho certeza de que todos estão predispostos a aprender o conteúdo. Devem estar motivados, pois sabem que esse conteúdo contribuirá de forma muito significativa para a formação de vocês.

Apesar da primeira impressão negativa, inadvertidamente, Isa começava a rever sua opinião sobre a professora. Voltou a prestar atenção quando Beth ainda tratava da teoria.

– Ademais, muitas pesquisas[1] têm demonstrado que o conhecimento prévio está relacionado ao histórico acadêmico do aluno. Ou seja, aquele estudante que absorve mais o conteúdo ministrado tende a apresentar também um desempenho acadêmico superior.

> *Muitas pesquisas têm demonstrado que o conhecimento prévio está relacionado ao histórico acadêmico do aluno. Ou seja, aquele estudante que absorve mais o conteúdo ministrado tende a apresentar também um desempenho acadêmico superior.*

Enquanto citava os estudos, a professora escrevia no quadro os nomes dos autores e as datas, que Isa anotava cuidadosamente em seu diário. Isa estava cada vez mais convencida pela professora. De repente, foi interrompida em suas anotações pelas palavras de Paulo.

– Professora, a senhora quer dizer que ter conhecimento prévio nos ajudará a aumentar nosso desempenho nessa disciplina?

Notava-se no olhar de Paulo o desejo de "provocar", indiretamente, Isa com essa pergunta.

– Isso mesmo, Paulo! E digo mais. A variável desempenho anterior é considerada na literatura como importante na explicação do desempenho acadêmico.

Nesse momento, os olhos de Isa brilharam e rapidamente ela sussurrou ao ouvido de Paulo, que, naquele dia em especial, havia sentado ao lado de Isa,

O passado afeta o futuro?

pois gostaria de apoiar Isa quando ela fosse questionar a professora sobre a tal avaliação.

– Paulo, não acredito que ela também pesquise sobre desempenho acadêmico. Já até subiu no meu conceito.

Ambos riram e Paulo percebeu que aquela professora havia conquistado a admiração da colega. A professora Beth continuou com sua explicação.

– Assim, podemos pensar que, se Paulo teve um bom desempenho na disciplina de Administração Financeira 1, provavelmente terá um bom desempenho em Administração Financeira 2.

Paulo não se conteve e fez uma brincadeira:

– E não é que eu me saí bem na disciplina de Administração Financeira 1?! Quase um milagre!

Todos da turma se renderam às risadas, enquanto Isa mergulhava em suas reflexões. Imaginava que o fato de Paulo ter se empenhado a fazer anotações sobre a matéria para lhe ensinar durante o período que esteve hospitalizada deveria ter feito com que seu desempenho fosse superior a outros períodos. E isso agora poderia ajudá-lo. Enquanto isso, a professora Beth explicava.

– Paulo, claro que não podemos nos esquecer de que outras variáveis também influenciam nosso desempenho. Mas podemos inferir que o estudante que teve bom desempenho no ensino fundamental tende a ter um bom desempenho no ensino médio e, consequentemente, no ensino superior. E assim por diante!

Beth pronunciou essas palavras olhando firmemente para Isa.

– Contudo, pode-se afirmar que um estudante que no ensino médio apresentou um desempenho ruim, necessariamente terá desempenho insuficiente no ensino superior? A resposta é não. Se esse estudante se sentir motivado a se formar no curso escolhido e mudar suas atitudes e comportamentos, poderá mudar sua trajetória. Logo, mesmo aqueles que não tiveram bom desempenho no semestre anterior serão capazes de mudar essa realidade e ter excelente desempenho nessa disciplina. Mas, para isso, preciso realizar esse diagnóstico, certo?

> *Podemos inferir que o estudante que teve bom desempenho no ensino fundamental tende a ter um bom desempenho no ensino médio e, consequentemente, no ensino superior.*

Beth continuava olhando para Isa, que parecia absorta em suas anotações. Beth aguardou que Isa concluísse as anotações e olhasse para ela para dizer:

– Isa, convenci você e a turma da importância de se submeterem à avaliação para diagnóstico do conhecimento prévio adquirido?

Isa sentiu que havia espaço para uma brincadeira:

– Professora Beth, acho que entendi perfeitamente a importância. Mas precisa valer nota mesmo?

Capítulo 7

Todos caíram na risada com a contrariedade de Isa em relação à "nota". A essa altura, Isa já tinha noção da importância da instituição, dos professores e de pelo menos três variáveis relativas aos próprios discentes sobre o desempenho acadêmico. Ela denominou esse grupo de "variáveis acadêmicas" (Figura 2). Em seu esquema chegou a desenhar uma quarta caixinha, pois havia outra variável, mas ainda não estava certa da sua relevância.

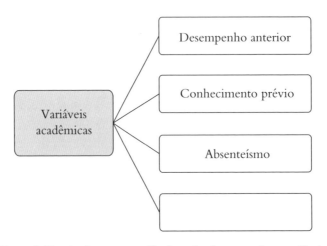

Figura 2. Determinantes acadêmicos do desempenho acadêmico

Mas seu pensamento parecia não se desvencilhar das estatísticas nada favoráveis que julgava ter em relação a si mesma. Achava que tinha deixado escapar alguma coisa e que havia "algo mais" para ser compreendido que, de fato, conferia algum poder de decisão sobre o seu futuro.

8

Senhora do seu destino

Capítulo 8

No dia seguinte, Paulo chegou à sala de aula e encontrou Isa pensativa, como que absorta em seus próprios pensamentos. Ele a cumprimentou mais de uma vez, mas ela simplesmente não o ouviu. Então, Paulo se aproximou, ficou bem pertinho e tentou chamar a atenção da amiga.

– Isa?! Tem alguém aí?

Isa olhou para o amigo, mas ainda parecia distante, como que em outro mundo.

– Oi, Paulo!

– Cumprimentei você mais de uma vez, Isa, mas parece nem ter percebido. Parecia até que estava em outra "dimensão"!

– Acertou, Paulo! Eu estava mesmo em uma "dimensão paralela", no meu "mundo interior", tentando achar respostas dentro de mim mesma, sabe?

Paulo pareceu confuso. "Ela era tão racional! Como assim, 'mundo interior'?", pensou. E suas palavras pareceram ecoar seus pensamentos:

– Não, não sei. Do que você está falando?

– Desculpe, Paulo! É que hoje estou muito reflexiva. Após nossa conversa, os diálogos que tive com professores e nossos achados mais recentes acerca da influência das variáveis no desempenho acadêmico, parece que cheguei a um novo dilema. Não faço ideia de como vou superar!

Paulo temia que fosse esse o tema. Decidiu explorar as inquietações da amiga. Puxando uma carteira para se sentar ao lado de Isa, Paulo perguntou:

– Então, do que se trata, Isa? Abra o seu coração, não me esconda nada. O que te aflige...?

Isa sorriu e abriu seu caderno de notas. Dava para ver que ela tentara esboçar um esquema mais completo com a finalidade de elencar todas as variáveis relacionadas ao desempenho acadêmico, mais ainda não conseguira concluí-lo.

– A questão é que essas variáveis, em boa parte, são predeterminadas e independem da ação do indivíduo que, muitas vezes, não dispõe de meios para alterá-las. Então, se o desempenho acadêmico fosse determinado tão somente por elas, nossos "caminhos" já estariam traçados e, com eles, nosso "destino".

Paulo tentou suavizar o peso dessa conversa sobre "destino" com uma brincadeira. Então, exclamou:

– Minha nossa! Que conversa mais filosófica e profunda! Agora vejo por que estava perdida em seus próprios pensamentos.

Mas Isa continuou séria, com um tom que lembrava as professoras.

– O que quero dizer, Paulo, é que isso não seria nada bom, pois muito pouco, ou nada, nos caberia fazer para chegarmos a um resultado que esperamos ou desejamos. O dilema é o seguinte: há alguma coisa sob nosso controle, algum fator controlável que influencie no desempenho acadêmico?

Isa pronunciara essas palavras com bastante ênfase, como quem estabelece uma verdadeira questão de pesquisa. Paulo sentiu que ela estava buscando completar

Senhora do seu destino

aquele "quadro teórico" que vinha desenhando naquele caderno especial. Decidiu provocá-la para ver até onde a colega havia avançado em seus questionamentos:

– Talvez, Isa, seja o caso de você considerar que os principais determinantes do desempenho de um aluno estejam ligados, principalmente, a fatores externos a ele mesmo e independentes, como é o caso dos professores e do formato da instituição de ensino, por exemplo.

Isa pareceu considerar essas ponderações e, por um momento, descansou o lápis nas partes de seu esquema que sinalizavam esses fatores. Mas concluiu.

– Não creio nessa hipótese, Paulo. Afinal, meus achados anteriores contrariam isso. Ainda tendo a pensar que está faltando uma "peça" nesse "quebra-cabeça". Tem que haver algo ligado a nós, alunos, que esteja relativamente sob nosso controle. Não posso crer que nosso "papel" seja assim tão "coadjuvante" na construção de nossa própria "história".

– Tudo bem. Vamos discutir isso depois, porque o professor Beto já chegou para entregar as notas da avaliação e fazer a vista das provas.

Isa pareceu surpresa, quase assustada:

– Nossa! É mesmo! Nem o vi entrar.

Após a entrega das avaliações e respectivas notas e feitas as revisões com o professor, os alunos, pouco a pouco, foram saindo, até que restaram apenas Isa e Paulo. Paulo estava bastante insatisfeito com sua nota e tentava se justificar junto ao professor, explicando como o fato de seu irmão ter chegado de viagem no dia anterior ao da prova teria lhe atrapalhado nos estudos e, por conseguinte, teve como resultado aquela nota mais baixa, ao que, para sua surpresa, Beto lhe respondeu:

– Paulo, nós, seres humanos, temos uma grande tendência a atribuir aos outros, e dificilmente a nós mesmos, a responsabilidade por nossos insucessos. Isso, inclusive, é alvo de uma teoria denominada "Atribuição de Causalidade". Em contrapartida, quando obtemos sucesso em alguma empreitada a que nos lançamos, é comum associarmos tal resultado a nós mesmos, segundo a mesma teoria.

O rosto de Isa se acendeu novamente. Paulo se lembrou de que ela havia lhe falado sobre essa teoria. Mas, antes que se lembrasse de como era a teoria, ouviu a colega falar, animadamente:

– Nossa, Professor! Que interessante! E essa teoria indica, em geral, se seriam os fatores externos a nós ou os fatores internos que produziriam os nossos resultados, sejam eles bons ou ruins. Eu li algo sobre essa teoria. Até conversei com Paulo.

– Então, Isa. A Teoria da Atribuição de Causalidade foi inicialmente desenvolvida

> *Teoria da Atribuição de Causalidade foi inicialmente desenvolvida por um psicólogo austríaco, chamado Fritz Heider, nos anos 1958, tendo sido amplamente aprimorada por outro psicólogo, o americano Bernard Weiner. Hoje em dia, é muito empregada para falar de comportamento e resultados.*

Capítulo 8

por um psicólogo austríaco, chamado Fritz Heider, nos anos 1958, tendo sido amplamente aprimorada por outro psicólogo, o americano Bernard Weiner. Hoje em dia, é muito empregada para falar de comportamento e resultados.*

– Mesmo? Como posso saber mais a respeito? Eu achei essa teoria muito interessante.

Beto sorriu, sabendo que chegara o momento e a forma de aproximar Isa de sua esposa Helena e de fortalecer a base de apoio para o enfrentamento do "desafio de Isa". Tratou de responder prontamente:

– Sabe, Isa, Helena trabalha bastante com teorias comportamentais cognitivas. Vou te passar o número do telefone dela para você entrar em contato e marcarem uma conversa.

Isa parecia não acreditar no que ouvia.

– Nossa! Sério, professor? Para mim, isso seria ótimo!

Paulo também externou seu sentimento:

– Sim, professor, acho que seria muito importante! Isa está mesmo bem voltada para reflexões filosóficas e existencialistas, de modo que conversar com uma psicóloga só poderá lhe fazer bem!

Beto sorriu, animado de ver a dupla de novo tão alinhada. Parecia que, depois de tantos sustos, o céu clareara novamente para Isa.

– Com certeza ela terá muito prazer em lhe ajudar, Isa!

– Mas, professor, e minha nota? Não terei uma segunda chance?

– Não, Paulo, infelizmente... Mas tenho certeza de que se recuperará nas próximas avaliações. Aliás, qualquer dúvida sobre o conteúdo, pode me procurar.

Despediram-se e saíram. Isa sentia uma espécie de "frio na barriga" após toda essa conversa. Ela pressentia que o encontro com Helena lhe ajudaria a desvendar mais uma variável para essa complexa equação envolvendo o desempenho acadêmico. Então, após trocarem algumas mensagens por *WhatsApp*, elas finalmente conseguiram agendar um dia e um horário para que se reunissem.

A sala de Helena ficava em outro prédio na universidade. Ela era professora do curso de Pedagogia. Enquanto subia os degraus para chegar até o segundo andar, onde ficava sua sala, Isa se atentou para a diferença entre o ambiente da faculdade de educação e o da sua faculdade, que reunia os cursos de Contabilidade, Economia e Administração. Ali havia vários espaços para socialização, com poltronas e tapetes. Escadas e corredores amplos e claros. Diversos avisos sobre grupos de estudos e

---

* A Teoria da Atribuição surge de um contexto a partir do qual o ser humano passa não apenas a observar os fatos que acontecem ao seu redor, mas também a buscar causas e efeitos para explicar tais fatos (DELA COLETA; GODOY, 1986). Nesse sentido, essa teoria se consolidou no campo da psicologia social da educação com a preocupação centrada no desempenho e nas explicações causais do sucesso ou do fracasso do estudante, tendo por base fatores específicos e suas características (WEINER, 1976). A teoria ganhou destaque por meio de alguns teóricos, podendo-se destacar, dentre eles, Heider (1958) e Weiner (1970). Para Weiner (1976, p. 1), os estudiosos da Teoria da Atribuição "estão preocupados com as percepções de causalidade, isto é, as razões percebidas para a ocorrência de um determinado evento".

reuniões para discussões sobre temas relacionados à educação. Muitas plantas por todos os lados. Não que sua faculdade não fosse bem organizada e agradável, mas, com certeza, não era tão acolhedora. Ao chegar ao segundo andar, uma gentil senhora a ajudou a encontrar a sala da professora.

– Professora Lena, muito obrigada por me receber!

Helena levantou-se, indo até a porta e cumprimentando Isa com um leve abraço. Trouxe-a até sua mesa de trabalho, indicando uma cadeira para que se sentasse.

– Não há de quê, Isa! Fico contente em recebê-la! Beto me falou que você é uma aluna muito dedicada e que está bastante interessada em entender sobre as teorias comportamentais, teorias que ligam comportamento, ação e resultados, certo?

Isa sentiu que poderia contar com a professora Helena. Estava muito feliz com o círculo de apoio que estava sendo construído. Decidiu aproveitar a oportunidade para falar sobre a teoria que o professor havia mencionado em aula.

– Sim, professora Helena. Ele nos falou ontem sobre a "Teoria da Atribuição de Causalidade". Eu já havia lido algo a respeito, até comentei na visita de vocês no hospital. Me pareceu muito interessante.

Helena sorriu. Lembrava-se, certamente. E também começava a perceber que as conversas no café da manhã com o marido contador-professor estavam espalhando sementes e frutificando. "Parecia que, afinal, 'santa de casa' até podia fazer milagre...", pensou Lena.

– Ah, sim! Eu gosto muito dessa teoria! Antes de falar especificamente sobre ela, deixe-me lhe falar um pouco sobre o contexto no qual ela se insere. As teorias comportamentais provêm, em boa medida, da psicologia e visam a explicar como o indivíduo, com seus processos cognitivos, produz um determinado tipo de comportamento ou padrão de ação que, juntamente com o meio em que se encontra, resultará em determinadas consequências.

Isa sentiu que começara a aula. Estava já até esperando o momento de utilizar a lousa imaginária. Colocou para a professora um de seus inúmeros questionamentos:

> *As teorias comportamentais provêm, em boa medida, da psicologia e visam a explicar como o indivíduo, com seus processos cognitivos, produz um determinado tipo de comportamento ou padrão de ação que, juntamente com o meio em que se encontra, resultará em determinadas consequências.*

– E, nesse sentido, professora, o indivíduo tem certo grau de autonomia sobre o seu destino?

Helena gostou da pergunta. Preferia um diálogo a um monólogo. Mas também pensava que não poderia se aprofundar demasiadamente. Disse, então:

Capítulo 8

– Sem entrar no mérito de questões mais complexas e específicas da Psicologia, como a influência do meio sobre o indivíduo, eu diria que, em alguma medida, sim. Eu gosto de pensar que todos nós podemos tomar consciência, aprender a escolher como conceber as coisas e como agir diante delas.

– Interessante!

– Mas sabe o que é mais interessante, Isa? Quando entendemos o mundo assim, ou seja, quando acreditamos que nós temos grande potencial de ação e determinação sobre nossos próprios resultados, ativamos um elemento muito importante no nosso aparato emocional e mental, que é a **motivação**. E essa é uma variável-chave na produção de qualquer resultado.

– Puxa! Como eu ainda não havia me dado conta do papel da motivação?

Helena sentiu que era o momento de definir os termos. Adotou uma fala pausada que enfatizava alguns pontos. Queria que Isa entendesse do que se tratava essa tal motivação:

– Sabe, Isa, ao pé da letra, motivação é tudo aquilo que nos impulsiona, que nos motiva para que executemos uma dada ação. Segundo alguns estudiosos da Teoria da Atribuição, se você, por exemplo, atribui a si mesma seus resultados, sejam eles bons ou ruins, você se vê como detentora de capacidade de modificação do contexto com que se depara. Desse modo, tanto essa identificação quanto a sua própria responsabilidade sobre o evento podem lhe impulsionar. Ou seja, podem lhe motivar a tomar atitudes, a adotar posturas que corroborarão o resultado que almeja. Veja que legal essa tomada de consciência!*

> *Motivação é tudo aquilo que nos impulsiona, que nos motiva para que executemos uma dada ação.*

Isa parecia maravilhada com essas possibilidades. Mas, antes de se lançar nesse entusiasmo, decidiu explorar mais o terreno, questionando:

– Professora, veja se eu entendi. Posso dizer que essa percepção pode me levar a empregar mais tempo no meu estudo para um exame ou a dispender maior esforço para uma dada tarefa. É isso?

Helena sorriu ao perceber que Isa tateava o "terreno". Sentiu que ela adotara uma postura conservadora. "Ah, esses contadores! Tão racionais, tão conservadores!", pensou.

– Exato, Isa, é isso mesmo! Se, ao contrário, você simplesmente atribuísse o resultado de um exame a outra pessoa, digamos, ao professor, ou a um elemento externo que independesse de sua ação, ou à própria sorte, como se motivaria a se esforçar, a estudar mais e a prestar maior atenção às aulas? Ou como isso lhe ajudaria

---

* Segundo Weiner (1976), o estudo da Teoria da Atribuição de Causalidade para o sucesso e para o fracasso influencia não apenas no sucesso, mas também tem capacidade de motivar e de incentivar a se buscar um melhor desempenho.

Senhora do seu destino

a adotar qualquer tipo de postura ou empreender qualquer ação que contribuísse para a obtenção de uma nota satisfatória?

Isa estava começando a se soltar. Assim, respondeu prontamente:

– Tem razão, professora! Percebo, inclusive, que a motivação e o esforço pessoal estão altamente interligados.

Helena sorriu, assentindo com a cabeça.

– Isso mesmo, Isa! Motivação e esforço pessoal são variáveis comportamentais que têm forte peso sobre os nossos resultados pessoais, profissionais, acadêmicos, sejam eles quais forem.

Isa abriu um caderno e tomou notas apressadamente. Helena observava Isa com curiosidade, mas decidiu não interromper. Quando terminou de anotar, Isa levantou os olhos, que brilhavam, e exclamou:

– Nossa, professora Helena! Como foi esclarecedora essa conversa! Mas ainda sinto que tenho muito a aprender sobre essas teorias.

Helena se levantou, caminhou até a estante e trouxe dois livros que continham diversas marcações e anotações. Isa pensou que a professora os tinha estudado com muita atenção. Enquanto Lena lhe entregava os livros, falou:

– Vou lhe emprestar esse material que fala sobre as teorias que geralmente tratam do comportamento, associando-o, por vezes, com o fator motivação. Só para citar algumas delas, nós temos a Teoria da Hierarquia das Necessidades de Maslow, a Teoria dos Dois Fatores de Herzberg, a Teoria das Necessidades Adquiridas, a Teoria da Atribuição de Causalidade, a Teoria da Autodeterminação, a Teoria da Autoeficácia e a Teoria da Existência, Relacionamento e Crescimento, ou Teoria de Alderfer.

– Nossa!!! São muitas teorias! Será que vou conseguir apreender a mensagem principal de cada uma delas no pouco tempo que terei para me dedicar?

Dizendo isso, Isa pegou os livros como se fossem um tesouro precioso. Helena sentou-se novamente, colocou as mãos na mesa, e olhou firmemente para Isa:

– Eu acredito, Isa, que todas elas estão intimamente interligadas pelo reconhecimento de fatores cognitivos associados às necessidades de cada um de nós e ao que esse processo de cognição nos desperta!

Isa pareceu confusa por um momento.

– Como assim?

– Eu quero dizer, de forma bem simples, que todas essas teorias estão associadas à forma como enxergamos e atribuímos significado aos eventos, à forma como "processamos" a vida e seus diversos atores, identificando nosso papel junto a cada um deles, bem como nos chamando atenção, ao longo da "trajetória existencial", para a identificação e busca da satisfação de nossas próprias necessidades!

Helena viu novamente Isa abrir aquele caderno especial que trazia consigo e fazer diversas anotações. "O que será esse caderno?", pensou consigo mesma. "Parece um diário", concluiu. Isa terminou suas anotações, levantou os olhos, sorriu e disse:

Capítulo 8

– Está certo, professora Helena. Eu agradeço muito por essa conversa e também pelos livros que está me emprestando. Saiba que cuidarei deles com muito carinho. Creio que o que eu estou prestes a descobrir, por meio dos "insights" que você gentilmente já me passou, mudará muito a minha própria "trajetória profissional e pessoal", conforme chamou.

Isa se levantou e despediram-se novamente com aquele leve abraço. Depois, Isa deixou a sala de Helena com uma sensação de euforia, como se estivesse diante de uma descoberta fabulosa, alicerçada sobre a própria essência do ser humano. Ao mesmo tempo em que se sentia forte e destemida por perceber o quanto seu destino poderia estar em suas próprias mãos, dependendo de sua motivação e esforço pessoal, ela se sentia também preocupada e tensa, ao verificar sua imensa responsabilidade sobre aquilo que lhe interessava, aquilo que tanto almejava. Isa temia que esse estado de excitação e inquietude pudesse também, de alguma forma, lhe prejudicar. Por incrível que pareça, esse breve lampejo de esclarecimento, oriundo de uma reflexão ainda inicial, a fazia perceber inconscientemente que, em seu íntimo, o próprio estresse e a ansiedade constituiriam outros dois tipos de variáveis comportamentais capazes de influenciar em um resultado ou situação almejados.

Naquela noite, os pensamentos de Isa voavam desvairadamente. Ela mal conseguia prestar atenção na conversa mantida entre os pais durante o jantar. Isa estava completamente instigada pelo diálogo que havia tido com Helena, imaginando como as emoções humanas derivadas de um processo mental interpretativo, consciente ou não, poderiam determinar comportamentos e ações. No meio dessa multiplicidade de reflexões, seu pai lhe trouxe de volta à mesa de jantar:

– Filha? Você nos ouviu?

Isa olhou para o pai com um sorriso "amarelado", pois era muito óbvio que ela não estava prestando atenção à conversa mantida na mesa durante aquele jantar.

– Desculpe, pai! Estava um pouco distraída! Mas, sobre o que falavam?

– É, filha. Você anda meio introspectiva nos últimos tempos... sempre pensativa! Há algo te incomodando?

Isa corou nesse instante, pois sabia que seus pais já enfrentavam seus próprios dilemas, incluindo, especificamente, um momento difícil pelo qual a empresa na qual seu pai trabalhava passava, com redução de gastos que atemorizava funcionários pela iminência de uma redução no quadro de pessoas empregadas. Mas teve certeza de que compartilhar suas últimas descobertas e seus desafios faria bem a todos. Assim, passou a relatar os últimos acontecimentos. Após trocarem impressões sobre suas descobertas, Isa perguntou:

– Mas sobre o que mesmo falavam antes do meu relato?

– Seu pai comentava sobre o senhor Otávio, que trabalha com ele na empresa. Lembra-se dele?

– Aquele que perdeu o movimento de uma das mãos após sofrer um derrame?

– Sim, Isa! Esse mesmo!

— O que tem ele?

— Estão todos admirados com sua determinação. O senhor Otávio passou por momentos muito traumáticos nos últimos tempos com a perda da esposa e, em seguida, com o derrame que lhe ocasionou a perda de parte de seus movimentos. Ninguém imaginava que ele fosse conseguir superar tudo isso em tão pouco tempo. E, mais do que isso, como poderia se readaptar no trabalho diante de suas atribuições condicionadas agora pelas novas limitações físicas.

A mãe de Isa, totalmente empolgada pela história do tal senhor, interveio na narrativa, acrescentando:

— Pois não é que ele se recusou a passar por um processo de realocação na firma para alguma função que não lhe exigiria digitação, já que sua mão direita estava comprometida, afirmando categoricamente que conseguiria continuar seu trabalho, ainda que com o uso da mão esquerda apenas? E ele é destro.

Isa estava admirada com aquela história de superação. Como não poderia deixar de ser, ela já relacionava aquela situação às dificuldades que, por vezes, os alunos podem enfrentar no mundo acadêmico e pensava, após sua conversa com Helena, na forte bagagem emocional que aquele senhor deveria ter para conseguir superar seus próprios desafios.

— Mas ele está conseguindo cumprir seu trabalho normalmente? — perguntou intrigada.

— Sim! No começo, todos perceberam que estava sendo um pouco difícil para ele e muitos desacreditaram que ele conseguiria. Mas o senhor Otávio não se deixa levar facilmente pelo que os outros falam a seu respeito, se acreditam ou não em seu potencial.

Isa imediatamente pensou em sua própria situação e em como Paulo havia desacreditado, no início, de sua capacidade de conseguir ganhar a bolsa. Pensou que, apesar disso, aquilo não a desestimulou, mas, ao contrário, impulsionou-a ainda mais na busca de seu grande sonho. Ela, ainda assim, por vezes, deixava que, lá no íntimo, aquela desconfiança do amigo a perturbasse, trazendo-lhe rompantes de inquietação e insegurança consigo mesma. Seu pai continuou a história:

— Acho que o senhor Otávio só acredita no que sua própria consciência lhe diz, por mais que as circunstâncias sejam desfavoráveis a ele.

Após essa fala, Isa se lembrou novamente de que algumas circunstâncias não lhe favoreciam, relacionando isso também à história do senhor Otávio.

— Enfim, aquele senhor tem uma autoestima muito bem trabalhada.

— Como assim, pai?

— Ora, ele se vê como capaz das coisas e... pronto! É isso! Não importa o que lhe disserem ao contrário. Ele acredita no próprio potencial e, ao que tudo indica, dá certo.

Isa ficou maravilhada com aquela constatação aparentemente simples do pai, pois ela confirmava exatamente a importância dos processos cognitivos dos indivíduos,

Capítulo 8

inclusive sobre si próprios, como meio importante de surtir efeitos em termos de suas ações. Enquanto pensava sobre isso, sua mãe acrescentou:

— Eu acho mesmo que, para além dessa boa autoestima, o senhor Otávio foi bem-sucedido por conta do esforço pessoal. Não devem ter sido fáceis os primeiros dias de retorno ao trabalho para ele. Mas ele se dedicou a modificar sua forma de trabalhar em face das novas condições, até chegar ao resultado que desejava.

— É verdade! Nos primeiros dias, todos comentavam que ele era um dos últimos a ir embora, travando uma verdadeira luta com seu novo modo de digitação e manuseio de outros equipamentos no trabalho. Eu me lembro bem disso!

Isa havia comido muito pouco, mas estava "alimentando ideias" com aquela narrativa e precisava desesperadamente articulá-las com as teorias sobre as quais Helena havia comentado superficialmente.

— Muito legal mesmo a história do senhor Otávio! Fiquei realmente feliz por ele! "Meus pais mal poderiam imaginar o quanto!", pensou ela.

— Agora, se me dão licença, eu já estou satisfeita e preciso ir para o quarto organizar um material para a aula de amanhã.

Os pais se entreolharam, percebendo que ali havia mais coisa. Mas nenhum dos dois pensou em interferir.

— Claro! E tenha uma boa noite de descanso!

— Obrigada! Vocês também!

— Ah! E pode deixar que cuidamos da louça, viu?

Isa não hesitou em dizer o contrário, dada sua ansiedade, e apenas agradeceu sem constrangimento.

— Obrigada! Da próxima vez, eu cuido dos pratos!

> *O ser humano é um agente em condições de exercer controle sobre seus pensamentos, emoções e ações e, até mesmo, sobre seu ambiente. Isso não significa, porém, que os seres humanos estão livres de qualquer influência do meio ou que são completamente autônomos. Mas, sim, que estão em permanente processo de interação com o ambiente em que se inserem, sendo o comportamento, em parte, autodeterminado e, em parte, dependente das influências desse meio.*

Isa ficou noite adentro lendo os livros emprestados por Helena. Nessa "caçada" por teorias, ela se deparou com uma que já havia sido mencionada pela professora e que lhe chamou atenção de um modo especial: a Teoria da Autoeficácia. Pensando ainda sobre a história compartilhada por seus pais durante o jantar, Isa compreendeu que ela estava intimamente associada a essa teoria e logo começou a esboçar os principais elementos no seu inseparável caderninho de anotações, que a essa altura já estava repleto de informações.

Isa pôde compreender, inicialmente, que o ser humano é um agente em condições de exercer controle sobre seus pensamentos, emoções e ações e, até mesmo, sobre seu ambiente. Isso não significa, porém, que os seres humanos estão livres de qualquer influência do meio ou que são completamente autônomos. Mas, sim, que estão em permanente processo de interação com o ambiente em que se inserem, sendo o comportamento, em parte, autodeterminado e, em parte, dependente das influências desse meio.[1] "Isso é muito bom, pois sou, em alguma medida, senhora do meu destino", concluiu Isa, em pensamento.

Isa também descobriu que a motivação pode estar associada a dois fatores: expectativas de resultados e crenças de autoeficácia. Essas últimas dizem respeito às percepções que o indivíduo tem de si mesmo quanto à sua capacidade para atingir determinados objetivos. Sendo assim, quem tem forte crença na eficácia pessoal, se convence de que é dotado de capacidades requeridas para atingir uma dada meta.[2] Esse seria o caso do senhor Otávio, com certeza.

> *A motivação pode estar associada a dois fatores: expectativas de resultados e crenças de autoeficácia.*

Assim, concluiu que, quanto maior a percepção própria de eficácia, mais elevados serão os objetivos que o indivíduo se prontificará a buscar e mais profundo seu envolvimento e dedicação para atingi-los, dada a existência de maior perseverança diante de obstáculos.[3]

A essa altura de suas reflexões, pensou em como podia fortalecer suas crenças de autoeficácia. Isa visualizou quatro possibilidades com base na literatura: (a) experiências de êxito; (b) experiências vicárias; (c) persuasão verbal; e (d) indicadores de estados fisiológicos. De posse dessas possibilidades, Isa começou a refletir sobre sua vida de acordo com cada uma delas.

"Então, à medida que eu vou obtendo êxitos em tarefas a que me proponho, isso fortalecerá minhas crenças de eficácia pessoal. Nesse sentido, minha trajetória acadêmica até aqui foi bastante exitosa, a começar por meu ingresso na faculdade com a melhor colocação. Eu só preciso me lembrar de observar mais minhas 'pequenas' vitórias e dar a devida importância a cada uma delas!", refletia Isa.

Já as experiências vicárias dizem respeito aos modelos que vamos obtendo, ou seja, aos êxitos que observamos de outras pessoas e que nos motivam a tentar

> *Já as experiências vicárias dizem respeito aos modelos que vamos obtendo, ou seja, aos êxitos que observamos de outras pessoas e que nos motivam a tentar conseguir o mesmo.*

conseguir o mesmo. Para Isa, isso parece bem verdade, tendo em vista que a sua percepção sobre a trajetória de alguns dos seus professores a influencia bastante a traçar seus próprios objetivos.

Capítulo 8

> *A persuasão verbal diz respeito a quando alguém nos comunica que temos tal capacidade, mas se esse alguém goza de credibilidade junto a nós.*

A persuasão verbal diz respeito a quando alguém nos comunica que temos tal capacidade, mas se esse alguém goza de credibilidade junto a nós. "Nesse ponto", ponderou Isa, "eu devo me recordar da confiança que o professor Beto e as professoras Marta, Raquel e Camila parecem depositar em meu potencial de atingir seus objetivos e, assim, desconsiderar quem estiver me dizendo o contrário disso...".

Os indicadores de estados fisiológicos, tais como ansiedade, medo e fadiga, evidenciam fragilidade quando o indivíduo os percebe, o que pode levar a julgamentos de baixa eficácia. "Sobre essa possibilidade", Isa refletiu, "ainda quero me dedicar melhor ao estudo da influência desses fatores".[*][**]

> *Os indicadores de estados fisiológicos, tais como ansiedade, medo e fadiga, evidenciam fragilidade quando o indivíduo os percebe, o que pode levar a julgamentos de baixa eficácia.*

No dia seguinte, Isa acordou sem muita disposição, tendo em vista sua dedicação ao estudo acerca das teorias comportamentais na noite anterior. Remexeu-se lentamente na cama após o segundo toque do despertador, mas logo se colocou a repetir para si mesma que era quando os desafios fossem maiores que maior teria que ser sua força de vontade e que isso fazia parte do crescimento pessoal do ser humano. Sua mente parecia convencida disso, mas seu corpo ainda não. Ela sentia um extremo cansaço e uma indisposição física que a impediam em definitivo de se levantar da cama. Apesar de estudar no curso noturno, Isa havia estabelecido um cronograma rígido de estudos com o objetivo de sempre chegar às aulas não só com atividades já realizadas em casa, mas também com textos de matérias futuras já previamente lidos, a fim de ter melhores condições de se inserir nas aulas, perguntando e interagindo

---

[*] Segundo Bzuneck (2001), os professores podem colaborar com o fortalecimento das crenças de autoeficácia em sala de aula, ajudando seus alunos a estabelecerem objetivos ou metas que disponham das seguintes características:
1) serem metas próximas, que possam ser atingidas num horizonte relativamente curto de tempo, para que, assim, o aluno possa ir se deparando com seus êxitos graduais e retirando deles novos estímulos;
2) específicas, ou seja, bem definidas, para que isso facilite ao aluno traçar caminhos e autoavaliar seu desempenho;
3) com grau de dificuldade adequado, pois desafios excessivamente elevados podem não ser superados, e a ideia de fracasso poderá criar um efeito negativo sobre o aluno no que tange à sua autopercepção.

[**] Barrera (2010) também apresenta as seguintes dicas à ação do professor nessa dimensão com base em Sitpek (1993):
a) propor tarefas que contenham algumas partes relativamente fáceis para todos, e partes mais difíceis, que possam servir de desafio para os mais adiantados; assim, todos terão desafios e reais chances de êxito;
b) propor atividades suplementares, enriquecedoras e interessantes, para aqueles que concluírem primeiro;
c) permitir que, algumas vezes, os alunos possam escolher o tipo de tarefas a realizar;
d) permitir que cada um siga seu próprio ritmo, sem pressionar para que todos terminem juntos;
e) alternar trabalhos individuais com trabalhos em pequenos grupos (BARRERA, 2010, p. 173).

com os professores e os colegas. Sendo assim, tomou coragem, se arrumou e foi para a biblioteca da Faculdade para estudar, pois sentia que era um lugar menos convidativo a distrações que sua casa, com as várias opções de entretenimento e conforto que um lar naturalmente oferece.

Havia uma disciplina naquele semestre, em especial, que a preocupava bastante: Métodos Quantitativos Aplicados à Contabilidade. Apesar de fazer parte do rol de optativas do curso, Isa não havia se matriculado naquela disciplina à toa. Ela sabia que, nos programas de pós-graduação, em geral, "Métodos Quantitativos" era uma disciplina que fazia parte dos créditos obrigatórios e que, cada vez mais, no âmbito das pesquisas científicas, as pessoas intensificavam o uso desses métodos em seus estudos, que tinham presença quase que obrigatória em dissertações e teses. Embora dotada de bom raciocínio lógico-dedutivo, Isa não apresentava um pensamento muito matematizado, como a disciplina parecia requerer. Toda vez que aquela aula começava, ela sentia estar adentrando em uma outra "dimensão", uma espécie de "universo paralelo" dotado de testes de hipóteses e de especificações de modelos oriundos de equações muito particulares que lhe custava bastante compreender.

Não lhe tranquilizava muito o fato de que boa parte da turma partilhava das mesmas sensações que ela descrevia em relação à disciplina. Pensando sobre isso, ela havia se levantado da cama consciente de que seu esforço para assimilar a referida disciplina teria que ser superior, dada sua pouca familiaridade com o instrumental estatístico. Isa chegou à conclusão de que, se quisesse se sair bem naquela disciplina, teria que dobrar seu tempo de estudo. Pensou, de forma muito pragmática: "esse é um ponto... mas o que mais posso fazer a fim de me esforçar mais nessa matéria?".

Chegando à biblioteca, enquanto tateava os livros, Isa continuava se questionando sobre o que mais poderia fazer a esse respeito quando, de repente, se deu conta de que, em virtude da correria, havia levado um livro da professora Helena consigo, dentro do qual, em uma folha impressa, estava a seguinte frase: "Para alguns universitários, esforçar-se muito em determinada matéria pode significar somente comparecer às aulas, responder às solicitações do professor, estudar nas vésperas das avaliações; para outros universitários, o esforço pode indicar leituras cuidadosas, busca de aprofundamento nos diversos conteúdos abordados, organização das novas informações com conhecimentos anteriores etc.".[4]

– Gostei disso! Preciso buscar leituras mais minuciosas e aprofundar meu entendimento de Métodos Quantitativos Aplicados à Contabilidade.

– O que disse? – um aluno à mesa ao lado perguntou.

– Desculpe-me! Apenas pensei alto! – respondeu Isa, visivelmente constrangida.

Isa procurou a ficha da disciplina e se deu conta de que, até o momento, havia se dedicado apenas à bibliografia obrigatória. Resolveu, então, buscar a bibliografia complementar. Instantaneamente, percebeu que sua matrícula em tal disciplina, assim como o **esforço** que enveredaria para se sair bem nela, estava intimamente ligada à sua **motivação** maior, que residia não somente em conseguir a bolsa de

Capítulo 8

estudos para a pós-graduação, mas também em se sentir familiarizada e preparada para a própria pós-graduação, pois sabia que se depararia com o uso frequente de instrumental estatístico.

À noite, quando a aula do professor Beto começou, Isa estava notadamente cansada. Fez poucas intervenções e parecia mesmo lutar contra o sono que lhe acometia. Ao final da aula, Beto se aproximou, enquanto ela guardava os materiais.

– Helena me disse que você a procurou e que ela lhe deu um monte de "tarefa de casa".

Os dois riram como que descontraídos.

– Sim! A professora Helena foi muito gentil comigo e me emprestou alguns livros para ler sobre teorias comportamentais.

– E deduzo que você foi automaticamente seduzida por eles, não resistiu e virou a noite lendo. Estou certo?

Isa olhou surpresa para o professor: "Como ele tinha adivinhado?". Beto sorriu, afinal tinha uma "Isa" em casa. Ele já suspeitava que esse seria o resultado da interação entre as duas "Isas".

– Exatamente, professor! Estou desconfiada de que as horas de sono sejam importantes para nosso desempenho. Hoje tive dificuldades para me concentrar nos meus estudos diários, em especial para a disciplina optativa que faço.

Beto mostrou interesse pela menção à disciplina optativa e logo perguntou:

– Em qual optativa você se matriculou, Isa?

– Estou cursando Métodos Quantitativos Aplicados à Contabilidade. Tenho um pouco de dificuldade ainda com a matéria.

Beto pensou sobre o quanto era comum essa afirmação por parte dos alunos da área de Ciências Sociais Aplicadas.

– Essa é uma queixa comum, Isa. E eu também passei por isso.

Isa se sentiu mais confortável ao perceber que o professor Beto, que tanto admirava, também havia enfrentado dificuldades semelhantes.

– E como você driblou isso, professor?

– O que me ajudou bastante, inclusive na pós-gradução, foram algumas videoaulas que assisti pela internet, muitas disponíveis no YouTube, de professores de toda parte do mundo. Então, além de contar com as aulas presenciais do meu professor, também passava parte do dia assistindo a aulas na internet, vendo resoluções de exercícios e até "brincando" com *softwares* estatísticos que os professores recomendavam. Me inscrevi num grupo de usuários desses *softwares* e ali eu me inteirava das dúvidas mais comuns e discussões de todo tipo sobre esses métodos. Enfim, mergulhei de cabeça nesse universo!

Isa ficou impressionada com a dedicação do professor Beto e percebeu que, definitivamente, poderia melhorar a sua também, esforçando-se mais para compreender a matéria de distintas formas.

– Puxa! Você me deu excelentes dicas, professor! Mais uma vez, muito obrigada!

Beto percebeu que a face de Isa parecia mais relaxada e que, apesar de cansada, ela parecia ter sido imbuída de novo ânimo após aquela breve conversa. Sentiu-se aliviado com isso. Beto realmente acreditava que o papel do professor se cumpria exatamente ali, auxiliando o aluno na sua busca particular pelo conhecimento, visto que a maior parte das ferramentas já se encontra à disposição dos estudantes, cabendo ao professor auxiliá-los a encontrá-las e tomá-las para si.

– Não há pelo que agradecer, Isa! É sempre um prazer ter esses diálogos com você! Eu realmente acredito muito no seu potencial e sei que você está no caminho certo para conseguir atingir seu objetivo.

Isa saiu da sala com as energias renovadas. Estava convencida de que necessitava elevar seu esforço pessoal e que também tinha por que acreditar em si mesma, assim como outras pessoas acreditavam. Essa confiança, de fato, começou a lhe encher de ânimo e as esperanças foram sendo realimentadas. Sentiu na pele como eram válidas aquelas teorias ligadas à motivação, à autopercepção e ao comportamento. Ficou entusiasmada com a constatação empírica.

Com aquela conversa, Isa também percebeu que o caminho que leva ao conhecimento é infinito, visto que, quanto mais enveredava pela pesquisa, por meio das conversas, das orientações, de estudos, mais percebia o quanto é vasto o campo do conhecimento. Por outro lado, quanto mais ia conhecendo os meandros do ensino, mais confusa ficava e mais percebia o quão pouco sabia e o quanto havia por aprender. Tinha a sensação de que, quanto mais estudava, mais percebia que não "sabia nada". Nesse dia, Isa foi para casa inquieta. Quando chegou, sua mãe estranhou, pois ela tinha o hábito de ficar longas horas estudando na biblioteca da Universidade. Para Isa, aquele ambiente era muito apropriado para boas reflexões, além de contar com ótimo acervo sobre o tema que ela vinha investigando. Ao encontrar a filha sentada na mesa da cozinha, pensativa, Dona Glória parou ao seu lado e aguardou. Foi Isa quem iniciou a conversa:

– Olá, mamãe! Ué, saiu mais cedo do trabalho?

Em geral, Dona Glória chegava bem mais tarde. Isa já estava acostumada com essa rotina de uma mãe trabalhadora.

– Oi, filha, sim, saí mais cedo. Hoje teve um treinamento e fomos liberados mais cedo. Está tudo bem? Você também chegou cedo. Não quis ficar na biblioteca estudando? Há alguma coisa te preocupando?

Isa sempre se impressionava com o quanto a mãe a conhecia bem.

– Está tudo tranquilo, mamãe. São aquelas inquietações sobre as quais já conversamos. Parece que eu comecei a desenrolar um fio do qual não vejo o fim. Cada dia descubro uma variável diferente que impacta diretamente no desempenho dos estudantes. Os momentos de descoberta são fascinantes, mas...

– Mas o quê, filha?

Isa apoiou a cabeça na mão e fechou os olhos, procurando encontrar as palavras certas.

Capítulo 8

– Mas não consigo visualizar uma integração entre todos esses elementos. Isso tem me deixado confusa e insegura. Estou com medo de não conseguir alcançar meu objetivo. Meus professores estão se empenhando tanto em me ajudar! Tenho que estar preparada e dar o máximo de mim para conseguir.

Dona Glória puxou uma cadeira, sentando-se em frente a Isa e estendendo-lhe as mãos. Parece que, adivinhando esse seu gesto, Isa abriu os olhos e segurou firmemente nas mãos de sua mãe:

– Minha querida, o tempo é a melhor resposta para nossas dúvidas. Continue estudando e perseguindo seu sonho. No momento certo, você encontrará as respostas que almeja, tenha certeza. Enquanto você esteve doente, eu vi como Paulo e os professores gostam de você e valorizam seu esforço. Acalme seu coração e confie!

Ambas apertaram as mãos, firmemente, como que em uma prece. Somente elas sabiam tudo que haviam enfrentado juntas. Eram grandes companheiras. Isa sorriu, mais confiante. Mas Dona Glória sabia que a filha seguia angustiada.

Naquela noite, Isa não dormiu bem. Ficou virando de um lado para o outro na cama. O que havia em seus pensamentos era apenas partes fragmentadas de inúmeras informações. Acordou cansada, com o olhar opaco. O dia rendeu pouco.

À noite, quando chegou à sala de aula, atrasada, Paulo estava preocupado, já que ela era sempre uma das primeiras a chegar. Nesse dia, Isa sentou-se ao lado dele, no fundo da sala.

– Isa, você está atrasada! O que aconteceu?

– Paulo, estou um pouco apreensiva. Nos últimos tempos, fiz tantas descobertas, mapeei tantas informações, mas não estou conseguindo fazer as conexões entre todos os dados que reuni. Não estou conseguindo montar esse quebra-cabeça.

Paulo conhecia a amiga e sabia que ela apenas sossegaria quando tivesse completado esse "quebra-cabeça teórico". Tratou de fazê-la colocar foco na aula.

– Compreendo, Isa, mas agora tente prestar atenção na aula. Em poucos dias teremos uma avaliação.

Isa suspirou e disse:

– Ainda bem que o professor Beto tem uma concepção diferente de avaliação. Assim, a prova será apenas uma pequena parte de todo um processo de avaliação.

Paulo ficou confuso por um momento. Então, perguntou:

– Como assim, Isa? Processo?

Isa sussurrou para o amigo, esclarecendo o que queria dizer:

– Quero dizer que o professor não avalia simplesmente no momento da prova escrita, mas que, durante todo o semestre, em todas as suas aulas, ele faz avaliações. Você já percebeu que ele está sempre constatando quem compreendeu, quem precisa de mais explicações? E que ele sempre trabalha com pequenos trabalhos avaliativos e pede nosso *feedback* sobre suas aulas?

Paulo pareceu ligar os pontos:

– É verdade! Não tinha ainda "caído a ficha".

Senhora do seu destino

– Paulo, essa expressão está ficando velha... Faz pouco sentido para quem nasceu de 1990 para cá...

– Ah é? Qual é a origem dela mesmo?

– Até o início da década de 1990, todo telefone público – o orelhão – funcionava com fichas. Quando a ligação era completada, ouvia-se o barulho da ficha caindo dentro do aparelho. Desde então – e mesmo após a extinção das fichas, em 1992 –, a expressão é usada quando uma pessoa entende algo com atraso.[5] Mas cuidado, ela denuncia a sua idade! Melhor usar algo como "agora completou-se a ligação"!

Os dois riram e se entreolharam! Isa complementou:

– Voltando à avaliação, a professora Marta conversou comigo. Eu percebi que o professor Beto, assim como ela, adota essa perspectiva de avaliação, denominada de processual. Por isso eu tive essa percepção. Mas, assim como você, também não tinha "caído a ficha".

Paulo sorriu. Parecia que a amiga havia melhorado o astral. Tratou de mostrar que ela estava sim, com certeza, montando o quebra-cabeça.

– Interessante! Percebo que você está compreendendo as informações que tem encontrado, Isa. Essa seria mais uma reflexão a respeito do tema que você tem explorado?

– Creio que sim, Paulo! Parece que, afinal de contas, estou montando esse quebra-cabeça.

Finalizada a aula do professor Beto, Paulo sugeriu a Isa que ela conversasse um pouco com o professor. Paulo achava que, como ele era mais experiente, poderia ajudá-la a compreender o que estava ocorrendo no seu universo interior. Isa permaneceu na sala, aguardou os colegas saírem, pois estava um pouco sem graça de falar sobre esse estranho sentimento que a desestabilizara. E ainda mais com um professor, um homem. Pensou em procurar outra professora, talvez a professora Camila, ou a professora Helena, mas refletiu melhor e percebeu que precisava resolver logo o assunto. O professor Beto era uma pessoa muito ponderada e, com certeza, poderia lhe ajudar. Era o seu orientador e, para além de um orientador para a pesquisa, Isa sentia que era um orientador para a vida. Assim, aproximou-se da mesa do professor e aguardou que ele organizasse sua pasta para começar a falar:

– Professor Beto, eu poderia falar com o senhor?

Beto prontamente lhe deu atenção, apoiando as mãos sobre a pasta fechada.

– Claro, Isa! Estou à sua disposição. E deixe-me lhe dizer que a segunda versão do artigo está excelente. Não que a anterior não estivesse boa.

Isa sorriu mais confiante com esse elogio. Mas Beto percebeu que não era esse o assunto sobre o qual ela queria tratar.

– Você parece um pouco apreensiva. Percebi que, em alguns momentos da aula, você estava pensativa, distante. E ainda chegou atrasada, o que não é um comportamento comum em se tratando de você. Posso ajudá-la de alguma forma?

Capítulo 8

Isa ficou mais apreensiva ao perceber o quanto deixara transparecer sua preocupação. Mas se tranquilizou quando lembrou que aquele era o professor Beto e que aquilo não era uma bronca, mas, sim, um sinal de cuidado, de carinho. Sentiu-se à vontade para continuar:

– É verdade, professor. Obrigada pela atenção! Estou sim, estou um pouco preocupada, apreensiva mesmo. Sabe, dormi muito pouco essa noite. Tive várias conversas, tenho lido muito, mas não estou conseguindo perceber a relação entre tantas informações. E, de verdade, estou com muito medo de não conseguir ganhar a bolsa, de não realizar o meu sonho. Acho que estou muito... insegura... ou seria ansiosa? Tantas coisas vêm acontecendo...

Beto pareceu pensar por um momento. Aguardou para ver se Isa acrescentaria mais alguma informação. Depois, calmamente, começou a falar:

– Isa, pela sua fala e pelo que conheço de você, percebo dois problemas, problemas distintos. Um de ordem, poderíamos dizer, metodológica. E outro de ordem psicológica. O primeiro poderemos resolver, colocando no papel as informações que você está coletando e sobre as quais está fazendo um relatório de forma que, no final, você terá condições de reler todos os seus achados e estabelecer a conexão entre as partes. Poderá, até mesmo, registrar suas próprias percepções. Ou seja, você sistematizará o que aprendeu e confrontará com suas próprias experiências. O segundo, de ordem psicológica, é um problema bastante comum para a maioria das pessoas. Eu diria que para a maioria dos estudantes universitários. Muitas vezes não conseguimos controlar nossa ansiedade. E temos, então, um pequeno problema, mas fácil de resolver. No entanto, se não for resolvido, pode se tornar um "problemão".

Isa pareceu ainda mais preocupada. Era só o que lhe faltava. Um problemão!

– Um problemão!? Como assim, professor?

Beto sorriu, tentando tranquilizá-la, mas sem tirar o tom de seriedade de suas palavras.

– A ansiedade, se não tratada ou superada, pode se agravar. E teremos, então, uma situação mais grave, que poderá desencadear um quadro de estresse. Enfim, com relação ao primeiro problema, o de ordem metodológica, assim que você cuidar do segundo, de ordem psicológica, terei o maior prazer em te ajudar. Dessa forma, vou sugerir a você procurar novamente minha esposa. Penso que você está precisando de uma ajuda especializada e ela terá maiores condições de te ajudar com as questões relacionadas ao seu estado psíquico.

Isa se sentiu mais apreensiva. Estado psíquico? Estresse? Nesse momento teve dúvidas se havia recorrido à pessoa certa. Ficou um tanto quanto desconfortável, mas sentia que o professor fora muito sincero em sua oferta de ajuda. Tratou de lhe agradecer:

– Certo, professor! Muito obrigada por me ouvir!

Isa ficou um pouco preocupada, pensando que não precisava de uma psicóloga. Não se sentia "doente". Em outra ocasião, havia conversado com a professora Helena, mas o assunto era sobre uma variável que compõe o rol de suas investigações. O próprio professor Beto já havia esclarecido bastante. Foi caminhando para casa, perdida em seus pensamentos.

Quando chegou em casa, Isa encontrou sua mãe tensa e seu pai triste e com os olhos vermelhos. Seu coração já disparou e milhões de pensamentos começaram a passar pela sua cabeça.

– O que aconteceu!? Vocês estão me deixando aflita!

Foi quando o pai interrompeu um breve momento de silêncio que, para Isa, pareceu uma eternidade.

– Minha filha, como você tem acompanhado, estamos vivendo momentos difíceis, tanto na política, quanto na economia de nosso país. Assim, hoje, houve um corte de funcionários na empresa e eu fui um dos demitidos. Estamos ainda pensando nas possibilidades que eu tenho. Mas, na minha idade, é muito difícil conseguir um novo emprego.

O pai de Isa tinha 51 anos de idade e trabalhava em uma empresa de telecomunicações há mais de 20 anos. Começou como estagiário e ocupava, até então, o cargo de diretor. Isa ficou atordoada. E agora? Precisaria trabalhar para ajudar em casa? Sua mãe, muito sensata, tentou acalmá-los.

– Não precisam ficar aflitos. Lembrem-se de que eu ainda tenho o meu trabalho. Apenas precisaremos readequar nosso estilo de vida e dará tudo certo.

Isa tinha uma família bem estruturada. Seu pai era formado em Administração de Empresas. Era uma pessoa muito esforçada e correta. De origem humilde, sempre trabalhou e deu bons exemplos para sua filha. Era muito querido pelos companheiros de trabalho, pois, além de muito ético, era uma excelente pessoa para se conviver. Sua mãe era secretária executiva bilíngue de uma multinacional. Trabalhava há muitos anos na mesma empresa. Muito estudiosa, fizera duas especializações na área, pós-graduação em Secretariado Executivo e pós-graduação em Secretariado Bilíngue.

Embora tivessem condições financeiras razoáveis, sempre viveram de forma simples. E sempre tentaram dar uma boa educação para a filha, tendo o cuidado de mostrar o que realmente é importante na vida. Valorizavam muito hábitos simples e combatiam o consumismo exacerbado.

Naquela noite, Isa não dormiu nada. Ora pensava no seu sonho, ora na faculdade, ora no pai desempregado. Quando conseguiu fechar os olhos, o sol já nascera. Foi então que caiu no sono. Como acordou bem mais tarde, resolveu estudar em casa nesse dia e, por fim, faltou à aula. No dia seguinte, estudou em casa durante o dia e, ainda muito cansada, chegou atrasada mais uma vez à faculdade. Quando Paulo a viu, já foi logo perguntando:

– Isa, por que não veio ontem? Te enviei uma mensagem no *WhatsApp* e você nem visualizou. Ontem fizemos um trabalho avaliativo, você perdeu...

Isa se desesperou:

– Ah! Não acredito! Nossa, Paulo, parece que meu mundo está ruindo...

Capítulo 8

Isa relatou ao amigo o que estava acontecendo. Paulo a ouviu atentamente, tentando acalmá-la, mas ele mesmo sabia o quanto a situação estava difícil.

O professor Beto ficou observando de longe. Estava preocupado com Isa, pois seu estado físico sinalizava que ela não estava bem. Até sua postura parecia diferente, parecia desgastada fisicamente.

Na semana seguinte, Isa apresentava um comportamento desatento, muitas olheiras e não foi muito bem na prova. O professor Beto, que era um excelente observador e conhecia muito bem seus alunos, resolveu conversar com Isa, tendo todo o cuidado para não invadir a sua privacidade. Além disso, sabia que ela não procurara sua esposa Helena. Sentia que Isa precisava de um apoio.

– Está tudo bem com você, Isa? Estou percebendo que está um tanto quanto desatenta. Quer me contar o que está acontecendo?

Isa baixou os olhos. Parecia constrangida.

– Estou passando por uma fase difícil, professor. Estou com muitos problemas em casa.

Beto ficou consternado com a situação. Mais essa agora. Ele sentiu que devia insistir para que Isa conversasse com Helena. Beto sabia o quanto sua esposa poderia ajudá-la.

– Sabe, Isa, eu estive conversando com minha esposa Helena. Ela me disse que você não a procurou.

– É verdade, professor. Sei que esse foi seu conselho, mas, com todos esses problemas, eu acabei não encontrando o momento adequado...

Beto a interrompeu. Sentiu que deveria prosseguir com cuidado. Sabia como as pessoas em geral tinham restrições a procurar apoio psicológico.

– Helena gostou muito de conversar com você, Isa. Vou lhe dar um conselho. Procure-a, pois penso que te fará bem. Percebi que seu rendimento nas aulas caiu. Sua prova não foi como normalmente seria. Esse momento difícil pelo qual você está passando pode comprometer a conquista de seu sonho, caso você não reaja. Não há vergonha em pedir ajuda.

Isa, nesse momento, teve um ímpeto. Pensar em uma iminente perda de seu sonho mexeu com algo dentro dela. Ela pareceu ter sido despertada e, arregimentando forças interiores, olhou para o professor e disse:

– Não, professor, eu não vou desistir do meu sonho! Vou procurar a professora Helena hoje mesmo. O meu sonho faz parte de um projeto de vida ainda maior nesse momento.

Beto sentiu que Isa estava decidida. Mas, para ter certeza de que ela consideraria seriamente o seu conselho, disse:

– Faça isso mesmo, Isa! Quem não sonha, não vive, "sobrevive"! Você tem que lutar pelo seu sonho. Não desista!

Terminada a aula, Isa procurou Helena imediatamente. Caminhou rapidamente para o prédio da Faculdade de Educação, subiu as escadas apressadamente, quase correndo. De repente, sentia uma urgência em falar com a professora. Teve sorte de a professora estar fora da sala de aula e com tempo livre. Isa discorreu tudo que estava acontecendo em sua vida e finalizou seu relato com um apelo.

– Professora, eu quero, eu preciso vencer essa fase difícil!

Helena, amavelmente, começou a conversar com Isa. Tomou suas mãos e falou pausadamente, olhando-a firmemente:

– Minha querida, esse é só mais um momento difícil que você está enfrentando. Todos nós somos surpreendidos por situações como as que você está vivendo. Lembra-se de como você enfrentou a dengue há alguns meses? É dessa determinação que estamos falando.

Isa tinha dificuldade em acreditar. Parecia que todos os problemas do mundo estavam caindo sobre suas costas. E, naquele momento, sentia-se sem forças, sem energia.

– Eu estou me sentindo muito ansiosa. Não sei, professora, será que mirei em objetivos além da minha capacidade, do meu alcance?

Helena juntou as mãos, abaixou a cabeça, deixou que o silêncio dominasse a sala por um instante. Era como se quisesse que Isa ouvisse suas palavras ecoando. Depois, recomeçou a falar, olhando-a novamente nos olhos:

– Isa, a ansiedade está presente na vida de todos nós. Podemos dizer que ela é inerente à condição humana e, como qualquer outro sentimento, em situação de equilíbrio, apresenta funcionalidades importantes, como motivar e despertar o organismo, além de alertá-lo, mediante uma situação ameaçadora, para a estabilidade emocional. A ansiedade adquire uma conotação patológica quando é desproporcional à experiência que a desencadeia ou quando não está direcionada.[6]

Isa pareceu ficar preocupada.

– Eu estou com dificuldades de compreender, professora, poderia colocar de uma forma mais simples...

Helena apertou as mãos de Isa, abaixou a cabeça para pensar e, ao levantar, recomeçou a falar, pausadamente:

– Isa, o que estou querendo dizer é que todos, e realmente quero dizer "todos", sentem a ansiedade em maior ou menor grau. O que acaba favorecendo a pessoa é como ela lida com a pressão: se deixa que tome conta do seu mundo quando tem uma sucessão de quedas e fracassos ou se escolhe ir gradativamente vencendo os obstáculos do caminho, um a um. Em linhas gerais, estou tentando dizer que todos nós sentimos pressões. Não é uma situação peculiar sua. E essas "dificuldades", na verdade, fazem parte do seu processo de crescimento, de amadurecimento diante da vida.

Isa parecia pensativa. Precisava absorver essa informação.

– Então, professora, todos nós apresentamos ansiedade? Parece que há pessoas que são tão calmas! Precisamente, o que é a ansiedade?

Capítulo 8

Helena soltou as mãos de Isa e recostou-se na cadeira. Procurou organizar o pensamento. Era muito importante que Isa entendesse o que tinha para dizer.

– Sim, Isa, todos nós apresentamos ansiedade, mesmo as pessoas que parecem sempre estar calmas e tranquilas. A ansiedade é uma sensação de desconforto diante de algo considerado ruim, que poderá acontecer ou não. Em condições normais, ela faz parte da nossa vida e tem estreita relação com o medo.

Pareceu que essas palavras abriram alguma porta na mente de Isa, porque ela se endireitou na cadeira, olhou para Helena e exclamou:

– É verdade! Sabe, professora, eu percebi, realmente, que comecei a ficar mais tensa quando tive medo de não conseguir atingir meu objetivo, quando esse medo começou a me dominar.

Lena sentiu que precisava deixar que Isa falasse mais de seus sentimentos. Nesse instante, Isa fez outra pergunta, ainda tateando:

– E como é essa relação entre o medo e a ansiedade?

– Isa, o que distingue medo de ansiedade é o tipo de respostas que ambos geram. O medo apresenta alto índice de excitação e leva à fuga. Já a ansiedade "é um estado de medo não resolvido". A indecisão, o conflito e as pressões externas geram reações de ansiedade. "A expectativa de que algo ruim pode acontecer também caracteriza a ansiedade".[7]

Isa parecia compreender cada vez mais:

– Ah! Agora estou compreendendo, professora. Faz todo o sentido!

– Isso é importante, Isa! O primeiro passo para resolver um problema é identificá-lo.

– A ansiedade causa apenas mal-estar psicológico ou emocional, professora?

Lena pensou que era importante dar a Isa o quadro completo para que, se ela estivesse passando por aquilo, pudesse identificar.

– Não, Isa, a ansiedade apresenta também desconforto corporal, físico, não apenas emocional ou psicológico. Estudos demonstram que, quando uma pessoa enfrenta uma crise de ansiedade, pode apresentar desconfortos físicos, como aperto no peito, na garganta, dificuldade para respirar, fraqueza nas pernas e outras sensações subjetivas.[8] E, ainda, sensações involuntárias fisiológicas, como boca seca, sudorese ou suor excessivo, arrepios, tremores, vômitos, palpitação, dores abdominais e outras alterações biológicas e bioquímicas.

Isa parecia impressionada com essas informações.

– Certo. Eu acho que experimentei alguns desses sintomas, mas não creio apresentar um quadro patológico. Bem, não tenho certeza.

Helena sorriu, tentando tranquilizá-la.

– Acredito que você vivenciou algumas experiências difíceis e estava tendo dificuldades para resolvê-las. Começou, então, a apresentar um quadro em que a ansiedade deixou de ser um elemento potencializador e motivador. Mas, como eu lhe disse, o primeiro passo é identificar o problema. E é isso que estamos fazendo.

– Como podemos ter certeza de que não é um quadro de transtorno, professora?

Isa estava apreensiva ao fazer essa pergunta. Helena tratou de escolher bem as palavras e falar pausadamente, para assegurar que Isa compreendesse.

– Isa, existem dois tipos de ansiedade: "traço" e "estado". O primeiro tipo acomete pessoas que, em seu dia a dia, são mais ansiosas que as outras. Já o segundo tipo, "ansiedade estado", é uma ansiedade momentânea, típica de momentos de maior tensão, como um processo avaliativo, por exemplo.[9]

– Isso parece muito confuso, professora! Então essa é a explicação para o fato de existirem pessoas muito calmas, que parecem nem apresentar ansiedade?

– Posso dizer, em outras palavras, que "ansiedade estado" diz respeito a um estado emocional transitório no qual sentimentos desagradáveis, como tensão e apreensão, se fazem presentes e podem variar em intensidade ao longo do tempo.[10] Já a "ansiedade traço" está relacionada a diferenças individuais mais ou menos estáveis na propensão à ansiedade.*

Isa parecia entender, mas queria aprofundar:

– Professora, me diga uma coisa. Ambos os quadros podem ser modificados?

– Sim, ambos são passíveis de serem modificados. Ou seja, tanto o "traço" quanto o "estado" podem ser controlados pelos indivíduos.

Isa parecia muito aliviada com essa informação. Sem perceber, até suspirou.

– Compreendo. E o que podemos fazer para evitar a ansiedade? Evitar não, controlar, não é verdade? Já que todos nós a possuímos.

Helena sorriu. Era excelente que Isa se sentisse com a possibilidade de assumir novamente as rédeas da situação.

– É verdade, Isa! A ausência da ansiedade tornaria a pessoa negligente e vulnerável. "Fisiologicamente, a ansiedade e o medo aumentam a produção de determinados hormônios e substâncias, como a adrenalina, que nos fazem fugir ou lutar contra situações adversas".[11] No caso do estudante, por exemplo, a ausência da ansiedade o deixaria apático, desinteressado e desmotivado.

Nesse momento, Isa enrubesceu. Helena ficou preocupada e prontamente perguntou:

– O que foi, Isa?

– Então a ansiedade também pode afetar o desempenho de um estudante?

Lena se lembrou do "desafio de Isa" e logo compreendeu a preocupação.

– Sim, Isa! A ansiedade impacta diretamente na *performance* do estudante.[12]

Isa apoiou a cabeça nas mãos, muito preocupada. Depois, endireitou o corpo e olhou diretamente para a professora:

– Professora, eu estou vivenciando empiricamente como a ansiedade pode influenciar o desempenho dos estudantes. Nesses últimos dias, diante desse desequilíbrio

---

* "Os escores de ansiedade-traço são menos sensíveis a mudanças decorrentes de situações ambientais e permanecem relativamente constantes no tempo". Para Biaggio (2000): "O traço de ansiedade está relacionado com o estado de ansiedade, mas enquanto o traço é mais estável, mais crônico, o estado é momentâneo".

Capítulo 8

que vivi, meu desempenho na faculdade foi afetado. Mas eu preciso modificar essa realidade.

Lena sentiu que Isa estava decidida e tratou de reforçar essa decisão:

– Isso, Isa! Retome o leme do barco de sua vida!

Isa sentiu que podia se beneficiar de mais alguns conselhos da professora. Assim, perguntou:

– Professora, existem algumas recomendações para controlar a ansiedade?

– Há sim, Isa! Na psicologia, existem várias técnicas[13] para ajudar as pessoas a controlar suas ansiedades. Alguns tratamentos são mais demorados, com foco em traumas antigos. Mas existem técnicas mais práticas, que lidam com problemas do quotidiano. Penso que essas técnicas poderão te ajudar.

– Sim, professora! Quais são?

– Primeiramente, identifique o que lhe causa ansiedade. Depois, busque alterar os hábitos que levam à ansiedade. Se você, por exemplo, acorda atrasada e se sente ansiosa para não se atrasar para um compromisso, programe o despertador para tocar alguns minutos antes. Uma pessoa que tem dificuldade em falar em público, vendo seus colegas da universidade apresentar trabalhos oralmente na sala, irá pensar: "Se ele está fazendo isso, eu também posso". Outra técnica ligada a reações fisiológicas é a seguinte: procure respirar fundo.[14] Relaxamento físico, assim como exercícios físicos, caminhada, natação, entre outros, também diminui a ansiedade. Afastar os pensamentos negativos que provocam preocupação, esforçando-se para pensar em outras situações quando estiver ansiosa e preocupada com algum assunto sobre o qual você não tem controle, e ainda não pode resolver ou ter uma resposta, também é uma boa alternativa para relaxar.

Isa parecia aliviada só de ouvir sobre essas técnicas. Pareciam ter lhe contemplado por completo.

– Professora, não tenho palavras para agradecer. Além de me ajudar a compreender o que estava acontecendo comigo, ainda me ajudou a identificar mais uma variável para compreender o desempenho acadêmico. Muito obrigada! Com certeza, praticarei mais exercícios físicos e utilizarei algumas dessas técnicas para controlar a minha ansiedade. Agora preciso ir, pois já tomei muito seu tempo. E, mais uma vez, obrigada!

Lena levantou-se para se despedir de Isa. Colocou as mãos em seus ombros, olhou-a firmemente e disse:

– Isa, saiba que é sempre um prazer conversar com você. Sempre que desejar, ou precisar, pode me procurar. Ajudar estudantes dedicados como você dá um colorido especial à nossa profissão. E procure cuidar do seu emocional. Altos níveis de ansiedade frequentes podem nos deixar estressados. Além disso, a ansiedade, o medo e o estresse estão relacionados entre si.[15]

Isa parou um instante, pensou e olhou para Lena. Desconfiada, indagou reticente:

Senhora do seu destino

– Professora, se altos níveis de ansiedade podem nos deixar estressados, então o estresse também é uma variável comportamental que afeta o desempenho dos estudantes?

– Sim, Isa! E pode causar problemas ainda mais complexos na vida dos alunos.[16]

Isa, sem hesitar, foi logo perguntando:

– Professora Helena, podemos agendar outro horário? Gostaria muito de conhecer um pouco mais sobre o estresse.

– É claro, Isa. Como eu te disse, é um prazer conversar com você. Seu entusiasmo é contagiante e ver o brilho que estou vendo novamente nos seus olhos, nesse momento, é um presente.

Elas marcaram um novo horário para dali a dois dias. Isa saiu decidida a tentar controlar seus níveis de ansiedade. Mas tinha de admitir que estava ansiosa para o novo encontro com a professora.

Durante esses dois dias, Isa se esforçou muito para seguir as recomendações da professora Helena e superar esse período singular de sua vida. Mas, na verdade, não estava nada fácil. Como havia perdido algumas avaliações, teve uma baixa em seu rendimento. Essa queda no rendimento acadêmico estava deixando Isa muito preocupada.

Em sua casa, a situação estava se modificando. Seu pai resolveu utilizar o dinheiro de sua rescisão e abrir um pequeno mercadinho. Estava bastante otimista. Fizera uma consulta ao programa para microempreendedores do Sebrae e resolvera empreender. Todavia, havia empregado todo o dinheiro no negócio. Isa estava preocupada, com receio de seu pai perder o dinheiro de uma vida de trabalho em um negócio que poderia dar certo ou não.

Isa vivenciava esse clima de incertezas. Chegou a dizer que começaria a trabalhar, mas os pais não permitiram. Como sempre tiveram hábitos simples, encaravam a situação atual como um desafio momentâneo que venceriam.

Assim, Isa ia vivendo os altos e baixos nessa fase cheia de incertezas em sua vida. No dia marcado com a professora Helena, Isa estava animada para a conversa, mesmo não se sentindo tão bem como gostaria.

Caminhou até o prédio da Faculdade de Educação. No horário marcado, estava ela na entrada da sala de Helena. Como parecia ser um hábito, a professora estava absorta na leitura de um trabalho. "Deve ser de alguma orientanda da professora", pensou Isa, aguardando que ela terminasse a leitura. Assim que concluiu a leitura, a professora pareceu adivinhar que Isa estava à porta, porque olhou para a entrada da sala, sorrindo.

– Olá, professora Lena! Que bom revê-la!

– Olá, Isa! Seja muito bem-vinda! Estou feliz em perceber que está um pouco mais animada do que da última vez que esteve aqui.

– Sim, professora, eu me sinto bem melhor. Estou lutando para vencer os obstáculos que apareceram no meu caminho. Já não estou perdendo aulas nem

Capítulo 8

chegando atrasada. E tenho praticado muitas das técnicas que me ensinou. Elas têm me ajudado muito, principalmente aquela de respirar, respirar, respirar. Acho que nunca respirei tanto!

As duas riram bastante. Lena estava feliz que Isa tivesse recuperado o bom humor e o otimismo. Indicou a cadeira para Isa se sentar. Mas, assim que se sentou, a fala seguinte de Isa lhe mostrou que nem tudo estava bem:

– Sabe, professora, às vezes ainda perco o sono à noite. Mas é bem menos do que antes.

– Isa, eu percebo que você tem totais condições de reverter esse quadro. Mas, se a situação persistir, terei que encaminhar você para meus colegas especialistas. Como você sabe, sou psicóloga, mas acabei me dedicando à docência. E, se o seu caso adquirir conotação patológica, você precisará de tratamento.

Isa pareceu se assustar com essa possibilidade.

– Nossa, professora!! É sério?!

Lena sempre se surpreendia com a conotação que as pessoas davam ao acompanhamento psicológico. Tratou de construir uma analogia para que Isa pudesse compreender:

– Muito sério, Isa. Mas, pelo que você está me relatando, você parece melhor. Surpreende a mim que as pessoas tenham restrições a procurar ajuda psicológica. Diga! Se você estivesse com dor de dente, não procuraria o dentista? Então, é a mesma coisa, apenas trata-se de uma "dor psicológica".

– Professora, eu me sinto melhor, sim, com certeza. Só em alguns momentos é que parece piorar. Eu não tenho restrições ao tratamento, porque eu já fiz um tempos atrás. Acho que fico mais incomodada em lembrar de tudo que passei, foi um período muito difícil...

Percebendo que aquela lembrança era difícil para Isa, Helena não quis prolongar o assunto.

– Vamos ficar atentas, então, certo? Se perceber que não está conseguindo lidar com seus conflitos, prometa que me procurará para que eu te indique um colega especialista.

Isa se sentiu reconfortada com a preocupação da professora e prontamente concordou. Assim que fez a promessa, Isa quis iniciar a conversa. Colocou seu caderno de anotações na mesa, abriu em uma página em branco e disse:

– Professora, hoje vim aqui porque na nossa última conversa você fez referência a uma outra variável que poderia afetar o desempenho dos estudantes. Eu quero conhecer direitinho essa "danadinha" para que eu não seja afetada por ela. Já basta a "vivência empírica" da ansiedade.

Lena riu com a brincadeira de Isa, já retomando a conversa do ponto em que haviam parado:

– Ah! Sim, Isa, lembro-me bem. Era o estresse. Como já havia alertado você, se não cuidar direitinho do seu estado emocional, você poderá enfrentar um quadro de estresse.

Isa fingiu estar preocupada e exclamou, com as mãos no peito:

– Será que... estou estressada!?

Ambas riram novamente, descontraídas.

– Não creio, Isa. Já está até fazendo piadinha. Acho que não está estressada. Acredito que, na verdade, você já está aprendendo a controlar sua ansiedade.

Isa gostou de ouvir da professora que ela estava avançando. Era verdade. Isa se sentia mais confiante e tranquila desde a última conversa:

– Professora, que bom saber que não mergulhei profundamente nesse quadro! Mas, se eu não conseguir controlar minha ansiedade, ela se transformará em estresse? Ou seria *stress*? Disse Isa, enfatizando a pronúncia da palavra em inglês.

Helena percebeu o interesse de Isa pelo uso do termo correto e tratou de esclarecer:

– Isa, vou te responder primeiro a segunda pergunta. Etimologicamente, a palavra "*stress*" vem do latim "estressare". Foi utilizada em inglês para designar opressão, desconforto e adversidade. Na Língua Portuguesa, a palavra é grafada como "estresse", pois foi "aportuguesada", ou seja, incorporada ao léxico da Língua Portuguesa. O Dicionário Priberam a define como "conjunto das perturbações orgânicas e psíquicas provocadas por vários estímulos ou agentes agressores [...]".[17]

Isa prestava muita atenção e tomava notas em seu caderno.

– Compreendo, professora. Então vou utilizar o termo estresse, que corresponde à versão na nossa língua.

– Tudo bem! Com relação à primeira pergunta, Isa, podemos dizer que existe uma correlação direta entre ansiedade e estresse, e também com o medo. No entanto, assim como a ansiedade e o medo, o estresse também é inerente à condição humana e, na medida certa, é benéfico. Esses três elementos são considerados tão antigos quanto o homem primitivo, pois se trata de mecanismos naturais que o ser humano possui que o ajuda a agir diante de perigos concretos e próprios da luta pela sobrevivência. Atualmente, o que vem ocorrendo é uma adaptação desse mecanismo humano às mudanças da vida contemporânea. Se, na época primitiva, o ataque de animais selvagens, as lutas tribais, entre outros fatores próprios daquela época, eram geradores de estresse, atualmente, os agentes estressores se adequaram ao estilo de vida atual e se converteram em preocupações relacionadas ao desemprego, à inflação, à dificuldade de educar os filhos, às perspectivas econômicas incertas, à pressão no trabalho, na faculdade, à poluição sonora, ao trânsito, entre outros.[18]

Isa continuava atenta. Parecia prontamente relacionar o que Lena falava com a sua vivência e experiência:

– Professora, agora tudo faz sentido! Então, o estresse, em nosso contexto contemporâneo, assume a condição de uma variável importante que interfere consideravelmente no desempenho discente! Eu mesma fiquei bastante tensa quando pensei que teria que trabalhar, quando soube que meu pai fora demitido. Imagine os estudantes que precisam conciliar os cuidados com a casa, com os filhos, a

Capítulo 8

faculdade e o trabalho? As chances de ficarem estressados e terem seu desempenho comprometido são muito grandes.

– Exatamente! Concordo totalmente com você, Isa. A realidade da maioria dos estudantes universitários de nosso país é bastante difícil. E quando as pessoas enfrentam problemas internos e não conseguem recuperar o equilíbrio, geralmente enfrentam situações de estresse.

– Como assim, professora? Estresse, então, é um estado emocional abalado?

– Isa, para que você compreenda melhor, vamos fazer uma analogia.[19] Pense que o coração bate no ritmo adequado às suas funções. Pulmões, fígado, pâncreas e estômago têm seu próprio ritmo, que se entrosa com o de outros órgãos. Assim, "[a] orquestra do corpo toca o ritmo da vida com equilíbrio preciso. Mas quando o estresse ocorre, esse equilíbrio, chamado de homeostase pelos especialistas, é quebrado e não há mais entrosamento entre os vários órgãos do corpo".[20] Portanto, o organismo que funcionava em perfeita harmonia sofre uma perturbação e os órgãos internos saem do compasso e o estresse se faz presente. Funcionando em desarmonia, cada órgão tenta buscar o equilíbrio e uns trabalham mais e outros, menos.[21] O corpo humano busca automaticamente restabelecer a homeostase interior. Esse esforço leva a um desgaste e ao uso de reservas de energia física e mental consideráveis. Se ocorrer o restabelecimento da ordem interior, o estresse é eliminado e o organismo volta ao seu estado normal. Entretanto, se o retorno da homeostase não ocorre, o estresse se agrava.

Isa tomava nota, tentando construir um esquema. Lena aguardou que ela terminasse suas anotações para que pudessem retomar a conversa.

– Nossa, professora! Faz muito sentido o que está dizendo. O funcionamento do nosso corpo é admirável! Quando conversamos sobre a ansiedade, você me disse que ela apresenta tanto sintomas psicológicos quanto sintomas físicos. Com o estresse ocorre o mesmo?

– Sim, Isa, é verdade. A ansiedade leva a sintomas físicos e psicológicos. No entanto, pode ser ainda mais grave. Existem pessoas que vivenciam situações constantes geradoras de estresse, como

> *A ansiedade leva a sintomas físicos e psicológicos. No entanto, pode ser ainda mais grave. Existem pessoas que vivenciam situações constantes geradoras de estresse, como trabalhos complicados ou situações familiares conflituosas que, frequentemente, afetam o seu equilíbrio interior. Essas pessoas lutam para se reequilibrar constantemente, vivenciando ciclos de altos e baixos. "Isso pode se prolongar por anos, até que um dia sua energia adaptativa se esgota e, não tendo mais como resistir, ela começa a adoecer". São exemplos de sintomas decorrentes do estresse as falhas na memória, o cansaço mesmo após uma noite de sono, o desgaste físico e mental, a baixa autoestima, a apatia e o desinteresse pelas coisas que antes davam prazer.*

trabalhos complicados ou situações familiares conflituosas que, frequentemente, afetam o seu equilíbrio interior. Essas pessoas lutam para se reequilibrar constantemente, vivenciando ciclos de altos e baixos. "Isso pode se prolongar por anos, até que um dia sua energia adaptativa se esgota e, não tendo mais como resistir, ela começa a adoecer".[22] São exemplos de sintomas decorrentes do estresse as falhas na memória, o cansaço mesmo após uma noite de sono, o desgaste físico e mental, a baixa autoestima, a apatia e o desinteresse pelas coisas que antes davam prazer.

– São sintomas similares aos da ansiedade, professora?

– Realmente, são sintomas parecidos. Todavia, quando uma pessoa vive o limite do estresse, se nada for feito para aliviar as tensões, o organismo, debilitado e sem condições de reagir, enfraquece. E uma série de doenças começa a aparecer, como gripe, gastrite, retração de gengiva, bruxismo, problemas dermatológicos, entre outros. Se o quadro estressante persiste, a tendência é que a pessoa vá cada vez mais se debilitando, propiciando o aparecimento de doenças cada vez mais graves, de acordo com a predisposição genética de cada pessoa. Uns adquirem úlceras, outros desenvolvem hipertensão, outros, ainda, têm crises de pânico, de herpes, de psoríase ou vitiligo, entre outras. A partir daí, sem tratamento especializado e de acordo com a constituição genética da pessoa, existe o risco de ocorrerem problemas graves, como enfarto, derrames etc.[23]

Isa estava muito surpresa. Nunca havia pensado que o estresse poderia levar a quadros tão graves:

– Professora, eu não imaginava que o estresse poderia desencadear consequências tão graves!

– Grande parte das pessoas não sabe disso, Isa. Quando percebem, o quadro já é crítico. Mas, veja bem, não é o estresse que causa essas enfermidades. Na verdade, ele fragiliza o sistema imunológico da pessoa e potencializa o aparecimento de doenças oportunistas. Você se lembra de que, no início de nossa conversa, eu disse a você que o estresse faz parte da vida de todos nós? O importante, de fato, é aprendermos a controlá-lo.

– Certo, o estresse, na medida certa, é um elemento relevante, que estimula o estudante e impede que ele fique apático em sala de aula, não é isso, professora?

– Isso mesmo, Isa! O estresse é considerado um mecanismo fisiológico necessário às situações de adaptação do organismo. Vou dar a você exemplos de estresse positivo. Podem ser promoções profissionais, casamentos desejados, nascimento de filhos. Ou seja, "o ser humano produz *estresse* para se adaptar".[24]

– Muito interessante, professora! Então a solução é aprender a controlar o estresse para termos uma vida saudável e equilibrada, já que ele é inerente à vida de todo ser humano!

– Certo, Isa! Assim como no caso da ansiedade, existem algumas estratégias relacionadas à melhoria da qualidade de vida, como alimentação adequada, tempo de sono adequado, prática de atividades físicas, administração do tempo, lazer e

Capítulo 8

entretenimento, que reduzem consideravelmente as chances de se desenvolver um estresse patológico.

Isa anotou essas informações no caderno. Assim que terminou, emendou uma pergunta:

— Professora Helena, um tempo atrás, quando meu pai ainda trabalhava na empresa de telecomunicações, ele foi promovido e assumiu o cargo de diretor. De forma recorrente, ele precisava trabalhar até mais tarde, aos sábados e, às vezes, até aos domingos. Ele aguentou essa rotina por um bom tempo. Eu lembro que minha mãe o alertava, dizendo que ele ficaria doente. E foi exatamente o que aconteceu. Ele parecia excessivamente cansado e enfrentava diariamente estresse por causa das demandas que tinha que cumprir. Até que começou a sentir fortes dores de cabeça e falta de sono. Foi ao médico e precisou readequar sua rotina em virtude de uma tal Síndrome de *Burnout*. Essa síndrome também está de alguma forma relacionada ao estresse?

Helena percebia que Isa estava sempre construindo relações entre o que aprendia e suas vivências. "Ela é realmente uma pessoa interessada e atenta", pensou Lena.

— Há sim, Isa! A Síndrome de *Burnout* está relacionada ao estresse. Poderíamos dizer que ela ocorre por meio de um processo. Ou seja, quando a pessoa vive um quadro prolongado de estresse e começa a apresentar uma espécie de esgotamento, de fadiga e de desmotivação, sobretudo no trabalho.

Isa novamente estava curiosa com o termo e perguntou:

— O que significa *Burnout*, professora?

— Bem, Isa. *Burnout* é uma expressão de origem inglesa que significa "queimar-se" ou "consumir-se pelo fogo". Trata-se de uma metáfora relacionada ao estado de exaustão emocional, o "estar consumido", fenômeno vivenciado mais frequente e intensamente por algumas categorias de profissionais que trabalham e precisam se relacionar com pessoas que necessitam de algum tipo de assistência.[25]

— Compreendo, professora. Mas, então, a Síndrome de *Burnout* não atinge estudantes? Apenas quem trabalha?

— Isa, estudar também é um tipo de trabalho!

Isa sorriu, concordando com a professora. Helena continuou:

— No entanto, Isa, é mais comum atingir algumas categorias profissionais, como trabalhadores da saúde em geral, principalmente médicos e enfermeiros. Além disso, afeta também jornalistas, advogados, professores, psicólogos, policiais, bombeiros, carcereiros, oficiais de justiça, assistentes sociais, atendentes de *telemarketing*, bancários, executivos. Ou seja, profissionais que lidam diretamente com pessoas, conforme já havia falado a você. Mas pode afetar estudantes universitários também.[26]

— Que interessante, professora! E como essa síndrome pode afetar o desempenho dos estudantes?

— A atividade estudar é situada em uma categoria pré-profissional. Assim, tanto na área estudantil quanto na área profissional, a Síndrome de *Burnout* apresenta três dimensões, que são: a "Exaustão Emocional, caracterizada pelo sentimento de estar exausto em virtude das exigências do estudo; a Descrença, entendida como o desenvolvimento de uma atitude de cinismo e distanciamento com relação ao estudo; e a Ineficácia Profissional, caracterizada pela percepção de estarem sendo incompetentes como estudantes".[27]

Isa anotou as dimensões no caderno especial. Assim que terminou, emendou uma pergunta:

— Mas, professora, e o que, de fato, leva o estudante a desenvolver a Síndrome de *Burnout*?

Lena pensou que, curiosamente, tomar notas parecia ajudar Isa a identificar suas dúvidas e a estabelecer relações. Colocando esse seu pensamento de lado, Lena tratou de responder à pergunta:

— Isa, alguns pesquisadores[28] entendem que o estudante, especialmente o da área da saúde, alimenta o medo de errar, de prejudicar algum paciente e de não ser reconhecido por colegas e professores. A esses fatores estressores somam-se, ainda, a falta de tempo para lazer, família, amigos e necessidades pessoais, como também preocupações quanto ao futuro profissional. Todos esses fatores contribuem para a configuração da exaustão emocional. Assim, na própria faculdade, a Síndrome começa a se desenvolver nos estudantes e muitos a levam para a vida profissional. Mas existe também outra vertente de pesquisadores que sinalizam outras causas para a Síndrome de *Burnout* em universitários, como "o ambiente de competição encontrado entre alunos, professores e outros profissionais no âmbito da atividade educacional e que são geradores de conflitos entre os mesmos, conflitos estes que podem levar ao estresse e à exaustão emocional".[29]

— Professora, eu estou realmente fascinada! Nunca imaginei que os nossos sentimentos e situações mal resolvidas pudessem comprometer nosso bem-estar emocional e, como consequência, o nosso desempenho como estudantes. Sabe, fico feliz em fazer tantas descobertas sobre nós mesmos. Sinto que conhecer melhor nosso "universo interior" me ajudará a superar minhas dificuldades. Estou percebendo que minha situação não é tão grave como imaginei. Existem casos muito mais graves. Vou continuar minha luta para vencer os obstáculos e pressões que a vida me apresenta. E, como você mesma já disse, vou encarar todos os meus problemas como uma possibilidade de amadurecimento.

— Fico muito feliz com o seu modo de ver, Isa! Você está no caminho certo. Tenho certeza de que superará suas dificuldades e se tornará mais forte do que já é. Tente colocar em prática algumas das dicas que eu te dei.

— Farei isso, professora. Obrigada pela conversa, pelas dicas e por tudo!

Isa deixou a sala de Helena ainda mais animada. Passou na biblioteca, mas não conseguiu ficar muito tempo estudando. Fez um novo esquema sintetizando as últimas descobertas (Figura 1), registrou citações e referências. Também criou uma pasta no *notebook* com o nome "Pesquisa sobre Desempenho Acadêmico". Depois, criou três subpastas com os nomes "Características da instituição", "Características do professor" e "Características do estudante". Dentro da última pasta, criou uma subpasta denominada "Variáveis comportamentais". Guardou tudo o que havia feito após a conversa com Helena dentro dela. Isa queria se organizar e estabelecer critérios em sua pesquisa.

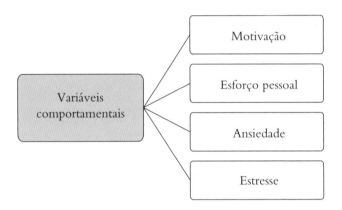

Figura 1. Determinantes comportamentais do desempenho acadêmico

À tarde, em sua casa, Isa começou a ficar tensa ao ver tantas informações em suas pastas. Lembrou-se das dicas da professora Helena. Respirou profundamente e resolveu fazer uma caminhada em um parque próximo à sua casa, onde havia uma extensa área verde. Caminhou, refletiu e respirou ar fresco. Voltou para casa e se preparou para ir à faculdade. Mais tarde, naquela noite, dormiu muito bem.

Naqueles dias, uma grande rede de supermercados resolveu abrir uma filial no quarteirão abaixo daquele onde se situava o mercado do pai de Isa. Infelizmente, ele não estava conseguindo competir com os preços baixos do concorrente. Os negócios davam sinais de alerta. Isa tinha receio de que seu pai perdesse tudo que havia investido. Sua mãe estava conseguindo manter as despesas da casa, mas seu pai começou a ficar triste e estava se sentindo péssimo.

Isa pensava em tudo que havia conversado com a professora Helena e resolveu que reverteria a situação em que vivia. Entrou em contato com algumas amigas. Gostava de jogar vôlei. Marcou uma partida com elas. Depois da partida, conversaram um pouco e marcaram um novo jogo para a semana seguinte.

Matriculou-se também em uma academia e começou a fazer musculação. Todas as vezes que um sentimento ou pensamento ruim teimava em aparecer, Isa desviava sua atenção e começava a pensar em coisas boas.

Seu pai, em alguns momentos, buscava inspiração na força de vontade da filha. Procurava forças para se erguer também, pois estava novamente à procura de emprego. Seu negócio, de fato, não suportou a concorrência do grande supermercado e não prosperou. Em pouco tempo, faliu. Dona Glória se tornara o porto seguro daquele lar que, apesar das dificuldades, estava em paz.

Isa, aos poucos, foi se transformando em outra pessoa. Parecia ter se despido de todos os sentimentos ruins de outrora. Erguera-se novamente. Estava confiante e mergulhara em seus estudos. De fato, Isa retomou o controle de sua vida.

Era seu último semestre na faculdade. Voltou a estudar com afinco e recuperou as notas depois daquele pequeno tempo de instabilidade emocional que viveu. Certa noite, na faculdade, durante a aula, Isa conversava com Paulo sobre sua experiência e expectativas para o futuro. Paulo estava feliz ao perceber que a colega parecia ter se reencontrado.

– Isa, fiquei muito preocupado com você. Cheguei a pensar que teria que visitá-la em uma dessas casas de repouso – disse o amigo rindo. – Mas, brincadeiras à parte, hoje percebo que enfrentou uma tempestade. E, ao contrário de muitas pessoas, conseguiu superar as dificuldades.

Isa sorriu de volta para o amigo:

– É, Paulo, sabe aquele ditado popular: "Se a vida te oferece limões, aceite-os e faça uma deliciosa limonada"? Agora que tudo está entrando nos eixos, brincamos. Mas essas situações que enfrentamos são difíceis. Percebo que estou mais experiente. Talvez mais madura, não sei. Só sei que me sinto mais confiante na vida.

Os dois riram alegres e se despediram.

No caminho de casa, uma pequena dúvida ainda persistia na mente de Isa: "Por que o professor Beto não a ajudara a compreender a conexão entre as variáveis que ela já havia mapeado?". Decidiu que o procuraria para esclarecer esse mistério.

No dia seguinte, Isa chegou à faculdade e procurou o professor Beto em sua sala. Logo o encontrou, planejando sua aula para mais tarde. Assim que a viu, o professor a cumprimentou:

– Bom dia, Isa! Tudo bem com você?

Isa sorriu ao ver que o professor contaria a história de Dona Adelaide na aula daquela noite, pois era uma história muito interessante sobre alavancagem financeira.

– Sim, professor, estou bem. E o senhor? Teria um tempinho para conversar comigo?

Beto salvou seu trabalho, fechando o arquivo. Em seguida, indicou a cadeira para Isa, dizendo:

– Claro, Isa! Em que posso ajudá-la?

Isa sentou-se e abriu seu caderno de notas.

– Professor, há alguns dias o senhor me disse que eu estava com dois problemas, lembra? Bem, o problema psicológico já está praticamente resolvido, com a ajuda da professora Helena. Mas o outro problema ainda não.

Beto lembrou-se prontamente do que Isa se referia.

– Fico feliz que você tenha superado essa dificuldade, digamos, comportamental. Saiba que isso é comum a todos nós. Com relação ao problema metodológico que

Capítulo 8

eu havia mencionado, é importante sistematizar as informações que você está levantado. Ou seja, organizar as variáveis de forma lógica. Se isso não for feito, emerge um conjunto de conceitos sem sentido e sem relação. E você não consegue refletir sobre seu foco de análise. Pode ser por meio de um relatório que, futuramente, você poderá até colocar no formato de um artigo, uma revisão de literatura.

Isa, por um momento, considerou essa possibilidade, afirmando:

– Que interessante, professor, eu não havia considerado essa alternativa. Mas, me diga! Quem escreve artigos como esse, revisões de literatura, são os mestres, os doutores, não é mesmo? Será que eu tenho condições?

Beto sorriu. Ele bem conhecia o potencial de Isa. Afinal, ele a orientara durante a iniciação científica e já estava na terceira rodada de revisão do artigo originado da pesquisa. Um artigo que estava excelente.

– Isa, eu bem conheço seu potencial. Como você, temos muitos alunos aqui na faculdade que, sob orientação de um professor, começam a pesquisar, escrever e publicar ainda na graduação.

Isa sentia que estava adentrando um mundo novo e fantástico. Ela gostava especialmente de pesquisar. Escrever o artigo, a partir da pesquisa de iniciação científica, fora um pouco mais difícil. Mas, de verdade, com a orientação do professor Beto, Isa sentia que o artigo ficava cada vez melhor. Ela estava descobrindo uma vocação. De fato, Isa gostava de escrever. Assim, a cada palavra falada pelo professor, seus olhos brilhavam, mais e mais.

– Existem diferentes metodologias de aprendizagem. E a pesquisa, que é o que você está fazendo agora e o que fez na iniciação científica, é uma delas, que, por sinal, tem um resultado bastante positivo. O estudante que se dispõe a pesquisar, e a buscar conhecimentos, rompe com aquele modelo tradicional de apenas receber as informações como se fosse um depósito, como nos ensina Paulo Freire.[30] Nessa forma de ensino, você se torna sujeito ativo da construção do seu conhecimento. No mundo em que vivemos hoje, essa atitude é fundamental, pois você se tornará uma pessoa proativa, crítica, reflexiva, entre outras boas qualidades.

Isa parou por um momento, fitou o professor e perguntou, sem rodeios, mudando completamente o assunto:

– Professor, tem uma dúvida que persiste em minha cabeça.

– O que é? Pode perguntar.

– Sabe, professor, naquele primeiro dia em que conversamos, percebi que o senhor já havia identificado esse problema metodológico. Por que o senhor não me explicou tudo isso naquele dia?

Beto riu serenamente e disse:

– Isa, naquela ocasião, eu percebi que você apresentava um comportamento desatento, inquieto, parecendo estar cansada, tinha até olheiras. Percebi também que não estava dormindo bem. Eu estou certo?

– Sim, é verdade. Eu cheguei a pensar que tinha insônia, professor.

– Então, existe um estudioso comportamentalista chamado Maslow, um clássico na literatura, que construiu uma pirâmide. Nessa pirâmide, ele descreve as necessidades humanas, da base para o topo. Essa pirâmide apresenta sete níveis.

Beto pegou um papel e começou a escrever, desenhando a pirâmide. Isa pensou que realmente era uma mania de professor falar escrevendo. "Mas a professora Lena não tinha essa mania...", Isa pensou. "Talvez seja porque ela concentra sua atenção na fala. Afinal, psicólogos gostam muito de ouvir!", refletiu Isa.

Beto completou o desenho da pirâmide (Figura 2)[31] e começou a explicá-la para Isa.

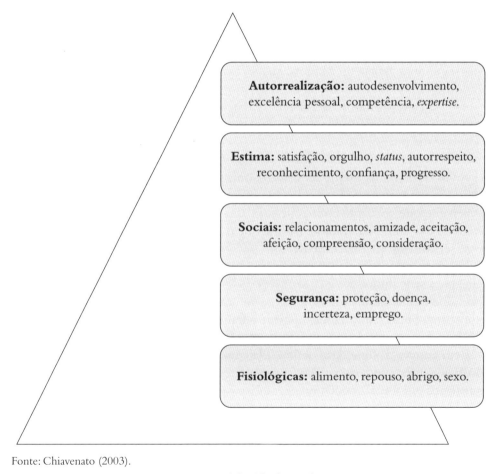

Fonte: Chiavenato (2003).

Figura 2. Pirâmide de Maslow

– Veja bem, Isa, esta é a pirâmide de Maslow.

– Ah, professor Beto, agora estou me recordando. Houve uma vez que conversei com a professora Helena e ela fez referência a essa teoria. Inclusive, ela me passou alguns materiais sobre ela.

Capítulo 8

– É, Isa. Helena realmente conhece esse assunto com maior propriedade. Mas, vamos lá! Maslow dispõe, na base da pirâmide, as necessidades básicas ou primárias que são indispensáveis à vida, como as necessidades fisiológicas, respiração, alimentação, tomar água, dormir. Satisfeitas essas necessidades, seguem-se outras, como segurança, necessidades sociais e de estima. No topo da pirâmide, estão as necessidades consideradas mais elevadas, como as necessidades de autorrealização, ou seja, as sensações de afeto, de autoestima, de realização pessoal. Essa pirâmide apresenta, portanto, uma divisão hierárquica das necessidades humanas.

Beto fez uma pausa e aguardou um momento antes de continuar.

– Como todos nós, Isa, eu vejo que você está trilhando um caminho em direção à autorrealização. Todavia, suas necessidades primárias, naquela ocasião, pareciam não estar satisfeitas, fazendo surgir problemas de sono, ansiedades. Então achei mais prudente esperar você superar aquela fase para depois avançarmos na sua pesquisa. Pois, segundo a Teoria de Maslow, quando alguma necessidade primária deixa de ser satisfeita, ela volta a dominar e gera tensões no organismo até ser satisfeita.[32]

– É verdade, professor Beto. Meu desempenho nas aulas caiu naquele período, porque eu sentia muito sono e minha alimentação também estava deixando a desejar. Eu me sentia insegura.

– Mas, veja bem, Isa. Nem todos os estudiosos acham que seja necessário percorrer todos os níveis da pirâmide.[33] Assim, uma pessoa pode, sim, passar de um nível a outro sem a rigidez de passar de um em um. Mas vamos à questão prática. Hoje, eu percebo que você está com as necessidades primárias satisfeitas. Assim, a base da pirâmide está atendida. Então é natural que o caminho rumo à sua autorrealização possa ser trilhado mais facilmente.

Isa sorriu, aliviada e contente. Ficou agradecida pela preocupação que Beto tinha com seus alunos.

– Que interessante, professor! Agora eu compreendo. Naquele dia eu cheguei a ficar triste com o senhor. Desculpe-me a franqueza. Mas eu não entendia por que não havia me explicado, por que tinha me deixado curiosa.

Beto gostava da franqueza de Isa. "Ela é uma pessoa realmente autêntica!", pensou Beto. "E está se construindo como alguém que reconhece suas fraquezas e as transforma em força", concluiu ele.

– Imagina, Isa! Na vida, aprendemos constantemente com as nossas fragilidades e incertezas. Quando tiver um tempinho, assista a um TED da pesquisadora Brené Brown, que fala no poder da vulnerabilidade. Vou te enviar o *link*.*

– Obrigada pela dica, professor! Vou assistir, com certeza. A propósito, como posso sistematizar as minhas ideias? Como devo fazer para organizá-las?

– Olha, a meu ver, você já levantou praticamente todos os determinantes do desempenho acadêmico que imagina serem relevantes. Certo?

---

* Disponível em: <https://www.ted.com/talks/brene_brown_on_vulnerability?language=pt-br>.

– Bem... eu identifiquei características da instituição de ensino, características dos professores e algumas dos próprios estudantes. Mas confesso que ainda existem algumas variáveis sobre os alunos sobre as quais preciso refletir mais.

– Então vamos fazer o seguinte: tente terminar suas análises a respeito dos estudantes. Depois, procure organizar essas variáveis em categorias. Quando conseguir fazer isso, me procure para tentarmos consolidar essa sistematização. Tudo bem?

Isa, agradecida, se despediu do professor Beto. Mas ainda ficou pensando por qual motivo ele postergara mais uma vez a questão...

9
Eu na Universidade

Capítulo 9

No dia seguinte, Isa chegou à sala de aula pensativa. Ainda tentava se decidir como poderia aprender mais sobre as características discentes. Abriu seu caderno de notas e escreveu "Eu na Universidade". Analisava ainda os esquemas que a professora Camila lhe havia dado. Decidiu que tentaria estruturar um esquema semelhante para as variáveis discentes. Estava assim, sentada, absorta em seus pensamentos, quando Paulo chegou. Ele a viu e, em vez de se sentar em sua "cadeira cativa", lá no fundão, perto da janela, foi até o lugar onde Isa estava sentada, lá na frente, logo ao lado da mesa do professor. Estava curioso para saber o que deixava a amiga tão pensativa. Aproximou-se de Isa e perguntou:

– E então, Isa, como está?

Ela demorou a responder de tão absorta que estava em seus pensamentos. Levantou o rosto depois de algum tempo e sorriu distante para o amigo enquanto respondia:

– Sabe, Paulo, tenho aprendido muito. E só isso já vale a ideia de tentar conseguir uma bolsa para estudar no exterior.

– Conte-me mais, Isa. Quem sabe eu possa ajudar nessa próxima etapa de preparação?!

Isa abriu um sorriso, pensando consigo: "Nossa, é a primeira vez que Paulo não me joga um balde de água fria!". Mal podia esperar para contar o plano para o amigo.

– Paulo, lembro-me de uma conversa muito interessante com a professora Camila sobre as qualificações docentes. Enquanto conversávamos, ela fez esses esquemas que resumem muito bem as qualificações docentes e os fatores, ações e atividades que impactam cada uma.

Enquanto falava, Isa organizava os esquemas montados pela professora para que Paulo pudesse examiná-los. Paulo pensou: "Nossa, que interessante! Parece que a jornada tem sido mesmo muito rica!".

Isa continuou:

– Mas, depois da reunião, eu pensei que, se a instituição e os docentes são dados da minha "equação do desempenho", depois de feita a escolha da instituição e do curso, existem poucas formas para que o estudante possa atuar sobre eles. Ou seja, nós temos pouco controle. Mas, se existirem variáveis discentes que afetem o desempenho, temos pelo menos um pouco mais de controle sobre elas.

– Isa, alto lá! Sobre algumas variáveis, sim, você pode atuar. Mas sobre outras variáveis, infelizmente, não! Aliás, talvez um pouco pior que essas, porque você pode mudar de instituição por consequência de docentes. Ou, mesmo permanecendo na instituição, pode pressionar por melhores condições, como fizemos no caso da turma de Contabilidade Tributária. Mas sobre a parte das variáveis discentes, como você chama, não. É o destino que escolheu. Não há nada a fazer.

– Como assim, Paulo? – perguntou Isa sem esconder um tom de inconformidade.

– Basta pensar um pouco. Nada se pode fazer quanto a renda, sexo, idade...

– Variáveis demográficas?

– Exatamente! Aquelas que estão presentes no censo escolar, como sexo, idade, raça ou etnia, classe social, *status* socioeconômico...

Isa estava surpresa, parecia que o colega havia pesquisado sobre esse assunto. Mal sabia que havia sido por conta dela, por estar preocupado com ela e sua "Missão Impossível". Paulo sentou-se, pegou o *notebook* que sempre o acompanhava em sua pasta de couro e o abriu, acessando alguns arquivos.

– Veja, Isa, esse artigo que encontrei de Al-Tamimi e Al-Shayeb, de 2002.[1] Eles descobriram que o desempenho acadêmico de mulheres é inferior ao de homens.

Como Paulo esperava, Isa prontamente reagiu:

– Eita! Mas espera aí! Isso depende das oportunidades que são dadas a homens e mulheres. Há países em que homens e mulheres não recebem a mesma formação acadêmica. É preciso considerar contexto, cultura, aspectos religiosos, entre outros.

Paulo sorriu. Já sabia que essa seria a reação de Isa e, por isso, havia escolhido iniciar por essa variável e por esse estudo.

– Sim, eu sei. Esse estudo, em específico, é sobre o desempenho em um curso de Fundamentos de Administração Financeira em uma universidade nos Emirados Árabes. Mas, apesar disso, os resultados são consistentes com outros estudos.

– Paulo, você sabe o quanto me incomodam esses estudos que consideram sexo como uma variável, sem levar em conta a questão de gênero, ou seja, as diferenças sociais construídas entre os sexos biológicos. Nós já discutimos isso outras tantas vezes!

Isa parecia contrariada com a insistência do amigo em um ponto sobre o qual já haviam conversado tão longamente.

– Sim, eu sei, Isa. Mas o fato é que há vários estudos relacionando sexo ou gênero com desempenho acadêmico e que não podemos, simplesmente, ignorá-los. Eu encontrei, por exemplo, um estudo longitudinal que acompanhou os estudantes por cinco anos. Esse estudo foi realizado em uma escola de negócios nos Estados Unidos por Monroe, Moreni e Segall, de 2011.[2] Nesse estudo, o gênero não foi um preditor do desempenho, mas, sim, outras variáveis, como horas de estudo, tempo de aula e o ano que o estudante estava matriculado.

– Bom, como não vou te convencer de que esses estudos deveriam ser feitos de outra maneira ou que deveríamos buscar outras abordagens de estudo, diga-me lá, o que mais encontrou?

– Encontrei o estudo de Campbell, de 2007,[3] com estudantes de negócios e que concluiu que gênero e raça influenciam o desempenho, com mulheres apresentando melhor desempenho, independentemente da raça.

Isa sabia que não convenceria o colega do que vivera na pele. A diferença encontrada, para Isa, em qualquer sentido que ela fosse, seria afetada por vivências e experiências qualitativamente diferentes entre grupos. De sua parte, Paulo sabia que a trajetória de vida de Isa a levava a ter profunda desconfiança em relação a estudos que tratassem essas diferenças como simples variáveis. No entanto, Paulo

Capítulo 9

pensava que a amiga teria que conhecer esses estudos e construir uma linha de argumentação e crítica sobre eles. Esse era o ponto.

Por fim, Isa estava curiosa com a dedicação do amigo na pesquisa sobre essas "variáveis". "Parece que, apesar de Paulo tentar me desanimar de concorrer a essa bolsa, ele tem se dedicado bastante a estudar temas relacionados, não sei bem com que intenção", pensou Isa. "Será que ele não quer eu me afaste dele? Mas ele nunca falou nada sobre seus sentimentos. Será que ele...". Nesse momento, Paulo começou a falar, interrompendo os pensamentos de Isa.

— Veja, Isa, pelo que estudei sobre a variável sexo, os estudos **não são conclusivos**. Para comprovar esse ponto, encontrei um mapeamento feito por Miranda e outros pesquisadores, de 2015,[4] que mostra seis estudos em que as mulheres têm desempenho superior e quatro estudos em que os homens o têm e outros seis em que o gênero não teve relação significativa com o desempenho.

— Sabe, Paulo, fico pensando que deve ter alguma explicação para além do gênero. Lembrei-me, enquanto te ouvia, de um artigo que li sobre a Teoria da Atribuição. Era de Martini, se não me engano, e foi publicado em 1999.[5]

Paulo sorriu discretamente. Sabia da memória prodigiosa que a amiga tinha, por isso sempre se divertia com a modéstia desse "se não me engano" que acompanhava muitas de suas falas. Mas não disse nada, aguardando que Isa concluísse.

— Esse estudo mostra que há diferença significativa no que tange às atribuições de sucesso e de fracasso acadêmico entre meninos e meninas. Segundo a autora, Paulo, as meninas tendem a analisar de forma mais pessimista sua própria capacidade e suas habilidades e, portanto, têm baixa expectativa quanto ao sucesso acadêmico. Elas também atribuem o sucesso acadêmico, geralmente, a fatores externos, como sorte. E o fracasso, a fatores internos, como falta de capacidade intelectual. Já os meninos desenvolvem maior persistência para tarefas difíceis e atribuem o sucesso a fatores internos, como inteligência e capacidade própria, o que traz maior autoconfiança. Fico pensando o quanto os processos de socialização diferenciada de meninos e meninas podem explicar essas diferenças. Mas, vamos lá! Diga-me, nessas suas pesquisas, o que mais encontrou a respeito de variáveis demográficas?

Paulo estava feliz com o interesse de Isa. Ele temia que ela tivesse resistência a considerar essas pesquisas que eram bastante comuns em termos de ensino. Por isso, havia investido tempo em procurar e selecionar alguns estudos.

— Bem, Isa, havia estudos, ainda, relacionando idade, etnia, *status* socioeconômico e escolaridade dos pais e das mães, além de estado civil e estrutura familiar.

— Estrutura familiar?

— Isso, se tem filhos ou não.

Paulo viu Isa tirar uma folha de sua pasta e desenhar um esquema. Isa pensava em sintetizar essas variáveis em um esquema semelhante aos que a professora Camila havia feito durante a conversa que tiveram.

— Sabe, Isa, com relação à idade, da mesma forma que em relação ao gênero, essa não é uma variável que deva ser analisada de forma separada de outras. Ou seja, o esforço pessoal pode influenciar, e muito, o desempenho de um estudante, independentemente de sua idade ou gênero. Estudos que tratam desse fator buscam determinar se estudantes mais velhos, por terem maior maturidade em relação aos estudos, podem alcançar melhores

> *O esforço pessoal pode influenciar, e muito, o desempenho de um estudante, independentemente de sua idade ou gênero.*

desempenhos. Ou se estudantes mais jovens, por terminarem o ensino médio e ingressarem diretamente no ensino superior, teriam um desempenho superior àqueles que ficaram um tempo afastados do ambiente escolar.

– Paulo, você é bom em fazer suspense! Fale logo...

Paulo sorriu diante da inquietação de Isa. Queria mesmo criar certo suspense.

– Mas cuidado, hein, Isa: "a curiosidade matou o gato".

Ambos riram por um instante.

– Veja, Isa, eu consultei três estudos: de Eikner e Montondon, de 2001,[6] de Uvar e Güngörmus, de 2011,[7] e de Seow, Pan e Tay, de 2014.[8] O primeiro, com estudantes de Contabilidade Intermediária I, apresenta a idade como um fator explicativo para o desempenho, com os estudantes mais velhos tendo um desempenho superior. O argumento dos autores é a maturidade, que implicaria em concentração e aproveitamento do tempo em sala de aula, além do conhecimento prévio.

– Pode ter relação com experiência profissional também, Paulo. Veja o seu caso.

– É verdade, Isa. Pode ter relação com experiência profissional, que poderia auxiliar na aplicação prática do conhecimento, ou seja, na relação teoria e prática.

Isa tomou nota para, posteriormente, pesquisar essa relação. Paulo continuou:

– O segundo estudo, Isa, examinou o desempenho de estudantes de negócios de uma universidade na Turquia. Os autores examinaram fatores como gênero, assiduidade, idade, conhecimento prévio de Contabilidade, além de média das notas e idade, e encontraram uma relação negativa entre idade e desempenho.

– Aí complicou, Paulo! E o terceiro estudo?

– O terceiro estudo analisou o desempenho de estudantes de Contabilidade em Cingapura e concluiu que fatores como desempenho acadêmico anterior, gênero, aptidão para a disciplina de Matemática e o fato de trabalhar são significativos, mas não a idade dos estudantes.

– Poxa, Paulo! Esses estudos parecem campeonato de futebol! Um ponto para o time da casa, um ponto para o time adversário. E, no final, acaba em empate.

Os dois riram juntos da brincadeira de Isa. Por um momento, parecia que voltavam a formar o time que sempre trabalhava junto, unindo esforço e capacidade de pesquisa, com Isa, e experiência, com Paulo. Isa estava feliz com isso.

– Bem, Isa, precisamos falar do próximo jogo do campeonato, que trata das pesquisas sobre raça e etnia. Novamente aqui, é difícil tratar isoladamente dessa variável sem relacionar com outras, como as que já analisamos e outras sobre as quais ainda

Capítulo 9

falaremos. Assim como gênero ou *status* socioeconômico, essa variável depende de outras análises, tais como oportunidades, acesso à educação e questões culturais.

Isa, com um suspiro, falou:

– E como dependem, Paulo! Veja o caso de nosso país. Ao longo de nossa história, sabemos que as oportunidades entre brancos, pardos, negros e indígenas têm sido muitos desiguais.

Paulo sabia bem do posicionamento de Isa a respeito dessas políticas e compartilhava de seu entendimento sobre a questão.

– É verdade, Isa, concordo contigo. Pensando no Brasil, é difícil afirmar que pessoas de uma raça ou etnia tenham desempenho diferente de pessoas de outra raça ou etnia, sabendo que as condições e/ou oportunidades não foram as mesmas. Há um estudo de Pardini, Muylder e Falcão, de 2011,[9] que aborda essa questão.

Paulo buscou em seu *notebook* o artigo e leu o trecho:

– "A heterogeneidade no processo de formação educacional, que faz a diferença no desempenho, está associada ao fator renda". Para outro autor, Chang, em uma pesquisa de 2005,[10] a diversidade tem impactos relevantes na educação. Nas últimas três décadas, provocou amplas discussões nas universidades, abordando não apenas questões raciais e de etnias, mas também questões de gênero, orientação sexual, renda, entre outros. Mas, voltando especificamente à raça e cor de pele, há estudos que tratam da relação com o desempenho, igualmente com resultados controversos.

Isa tomou a palavra:

– Vai começar o campeonato!

– Na verdade, não, sinto te desapontar.

Ambos riram novamente.

– Mas a hipótese que se pode levantar a partir dos estudos é que, em países nos quais as oportunidades de acesso à educação de qualidade são mais homogêneas para a população em geral, as diferenças de desempenho entre estudantes de raças ou etnias diferentes tendem a ser menores. Em sentido inverso, em países nos quais existem diferenças consideráveis em relação ao acesso à educação, o desempenho é mais afetado em virtude da raça, etnia ou cor da pele do estudante.

> *Em países nos quais existem diferenças consideráveis em relação ao acesso à educação, o desempenho é mais afetado em virtude da raça, etnia ou cor da pele do estudante.*

Isa pareceu concordar e fez diversas anotações em seu caderno. Paulo começava a ficar curioso com essas notas que a amiga tomava tão cuidadosamente. Mas, olhando o esquema que Isa preparara, para não perderem o tempo que ainda restava para começar a aula, tratou de avançar.

– A próxima variável, Isa, *status* socioeconômico, é uma das mais citadas na literatura como influenciadora do desempenho acadêmico.

Eu na Universidade

– Não me surpreende, Paulo. É claro que a pessoa que tem maior renda, seja familiar ou própria, tem maior acesso a oportunidades, como educação de qualidade, aprender uma língua estrangeira, desfrutar de atividades de lazer e esportes e, até mesmo, ter mais tempo para estudar.

– Sim, é verdade, Isa. Mas esses fatores sozinhos não podem melhorar o desempenho escolar. Podem, sim, melhorar as condições para que isso aconteça. Segundo Soares e Collares, em estudo de 2006, os recursos econômicos influenciam de forma indireta o desempenho acadêmico, propiciando condições para uma participação mais efetiva dos pais e mães na vida escolar de seus filhos e filhas.

Essa conversa estava revelando uma outra postura do colega com relação ao desafio que Isa havia se imposto. "Era bom ter Paulo novamente como parte do time!", pensava Isa, já se perguntando a que se devia essa mudança de atitude.

– Assim, Isa, os autores Kried e Uyar, em 2001,[11] encontraram relações significativas entre _status_ econômico e rendimento acadêmico, tendo os estudantes de mais alto _status_ econômico maior probabilidade de se saírem melhor nas questões. Nyikahadzoi e colegas, em pesquisa de 2013,[12] também concluíram que as variáveis sexo, idade, acesso à internet e _status_ socioeconômico são explicativas do desempenho de estudantes da Universidade do Zimbábue, na África. Isso não significa que um estudante de baixa renda não possa alcançar bons índices de desempenho acadêmico, pois outras variáveis devem ser analisadas. Sabe, Isa, penso que não adianta um estudante ter ótimas oportunidades

> _Isso não significa que um estudante de baixa renda não possa alcançar bons índices de desempenho acadêmico, pois outras variáveis devem ser analisadas._

acadêmicas se ele estiver desmotivado e desinteressado. Nesse caso, é muito provável que não seja bem-sucedido naquela atividade acadêmica.

– Por outro lado, Paulo, um estudante que esteja totalmente motivado, mesmo em condições adversas, pode encontrar maneiras de obter sucesso acadêmico. Lembrei-me agora de uma entrevista que li do professor Naércio Menezes, da USP e do Insper, no _Jornal Nexo._* Ele falava sobre o desempenho de cotistas comparado ao desempenho de não cotistas. Ele citou um estudo que acompanhou estudantes da Universidade de Brasília, cotistas e não cotistas, nos cursos mais concorridos, como Medicina e Engenharia, e que mostrou que o desempenho é similar, bem como a evasão. O professor argumenta que isso se deve às habilidades socioemocionais, que fazem com que estudantes cotistas superem suas dificuldades de formação.

Paulo parecia intrigado:

– Como assim, habilidades socioemocionais?

---

* Disponível em: <https://www.nexojornal.com.br/entrevista/2017/02/23/Uma-avalia%C3%A7%C3%A3o-dos-resultados-do-sistema-de-cotas-nas-universidades-p%C3%BAblicas>.

Capítulo 9

Isa assentiu com a cabeça, demonstrando que o termo também a tinha intrigado. Folheou seu caderno de notas até chegar no ponto em que tinha anotado a explicação do professor. Parecia que esse conceito era de extrema importância para ela. Ela leu, cuidadosamente, pronunciando bem as palavras, quase as saboreando:

– "De forma bastante simplificada, as principais competências socioemocionais são: estar aberto a novas experiências, ter muita perseverança, ser amável com os próximos, não ser neurótico, preocupação excessiva com tudo, e ser consciencioso, preparar-se adequadamente para todos os desafios na vida. [...] Por enquanto, o sistema público investe pouco na formação dessas competências, não só no Brasil como em vários outros países. Até porque ainda sabemos pouco sobre a mensuração dessas competências, seu desenvolvimento ao longo da vida e como elas podem ser mudadas pelos professores e outros profissionais. Essas competências surgem naturalmente nos jovens cotistas que têm um bom desempenho no vestibular apesar da origem pobre, sem que ninguém as tenha ensinado".*

Isa levantou os olhos do caderno de notas e Paulo percebeu como eles brilhavam. Com certeza, esse era um conceito importante para ela. Parecia explicar parte de sua vivência e lhe dar uma fagulha de esperança. O colega não conseguiu deixar de se emocionar com aquele olhar. Tentou voltar a se concentrar na conversa:

– Bem, Isa, a próxima variável desse nosso esquema é a escolaridade dos pais e das mães.

Isa pareceu se reconectar à conversa, voltando de onde seus pensamentos a haviam levado.

– Sim, claro! O que você encontrou sobre esse fator?

– Primeiramente, Isa, é preciso considerar que a escolaridade dos pais e das mães é um indicador de *status* socioeconômico. Por quê? Porque, normalmente, as pessoas que têm maior renda também têm mais oportunidades de estudar e de progredir na vida acadêmica. Dessa forma, eles têm mais condições para orientar seus filhos e filhas na vida escolar.

Isa parecia muito interessada. Olhava atentamente para o colega, aguardando que ele continuasse. Paulo explicou:

– Santos e Graminha, em estudo de 2005,[13] afirmam que a baixa escolaridade e a baixa qualificação profissional dos pais e das mães podem ser consideradas como um fator de risco na medida em que esses pais e mães têm menos condições de orientar e ajudar seus filhos e filhas na vida acadêmica e também em relação à expectativa de futuro. Além disso, as casas das famílias em que pais e mães possuem maior escolaridade teriam mais material de leitura à disposição, o que favoreceria o desenvolvimento do estudante.

Isa permanecia atenta. Por isso, Paulo seguiu, sem pausa, para o próximo estudo:

---

* Disponível em: <https://www.nexojornal.com.br/entrevista/2017/02/23/Uma-avalia%C3%A7%C3%A3o-dos-resultados-do-sistema-de-cotas-nas-universidades-p%C3%BAblicas>.

– Já no estudo de Barros e Colegas, em 2001,[14] foram investigados quatro fatores em relação ao desempenho acadêmico, que são qualidade e disponibilidade dos serviços educacionais, custo de oportunidade do tempo, disponibilidade de recursos familiares e disponibilidade de recursos da comunidade. A análise teve como alvos jovens entre 11 e 25 anos que moravam em áreas urbanas das regiões Nordeste e Sudeste do país. O estudo apontou que a escolaridade dos pais, mais especificamente, a escolaridade da mãe, é a mais significativa na explicação do desempenho desses jovens.

Isa tomou nota rapidamente desse ponto. Paulo sabia que ela acharia interessante e ficou feliz em ver confirmada sua impressão.

– Finalmente, Isa, a pesquisa de Ferreira e Marturano, de 2002,[15] examinou como vários fatores associados ao ambiente familiar, tais como renda, escolaridade dos pais e adversidades no ambiente familiar, se associavam ao desempenho acadêmico de crianças. O estudo mostra que os estudantes que têm baixo desempenho são aqueles que possuem menos recursos financeiros, pais com baixa escolaridade e maiores adversidades no ambiente familiar.

– Paulo, e o que os autores consideraram adversidades no ambiente familiar?

– Isa, eles citam problemas nas relações interpessoais, falhas parentais quanto à supervisão, ao monitoramento e ao suporte, indícios de menor investimento dos pais no desenvolvimento da criança, práticas punitivas e modelos adultos agressivos.

Paulo viu Isa novamente tomar notas. Aguardou que ela concluísse os apontamentos para continuar. Quando ela terminou as anotações, ele retomou:

– Isa, chegamos ao último fator, ou variável, de nosso esquema, que é estado civil e filhos.

– Deixa eu adivinhar, Paulo! Para mulheres, o estado civil e o fato de ter filhos afeta negativamente o desempenho.

– Desculpe-me por contrariá-la, Isa, mas não foi o que Masasi encontrou em seu estudo de 2012.[16] Analisando um curso de graduação em Ciências Contábeis na Tanzânia, na África, ele descobriu que o estado civil não afeta diretamente o desempenho e que, quanto maior o número de filhos, melhor o desempenho.

– Curioso! Como será no caso do Brasil?

– Encontrei uma tese na USP que tratou do desempenho de estudantes de Ciências Contábeis no Provão e no Enade, em diversos anos. É a tese de Nálbia de Araújo Santos, de 2012.* Confesso que ainda não li com o devido cuidado, mas deixe eu procurar...

O colega baixou a cabeça enquanto fazia a busca por uma palavra no texto da tese.

– Aqui está. Ouça este trecho: "Na categoria dos efeitos dos pares foi encontrada, em todos os anos observados, uma relação negativa e significativa do desempenho

---

* SANTOS, 2012, p. 191.

Capítulo 9

acadêmico com o fato de o estudante ser solteiro. Esse achado pode ser reflexo das escolhas feitas e experiências vividas pelos indivíduos solteiros, além do ambiente acadêmico, e ser efeito da fase de desenvolvimento da vida em que se encontra. Escolhas como gastar o tempo com outras atividades externas, de forma individual ou acompanhado dos colegas, que possam minimizar o tempo dedicado aos estudos, podem ter influenciado o seu desempenho acadêmico".

Isa riu, pensando no jeito elegante de dizer que o pessoal prefere passear do que estudar.

Paulo continuou a leitura: "Outra possibilidade que necessita ser investigada é quais são os diferentes motivos entre estudantes solteiros e casados para escolher fazer o curso de ciências contábeis. Esses motivos podem estar relacionados com o nível de dedicação aos estudos e consequentes diferenças no nível de desempenho acadêmico entre os discentes solteiros e casados".

– Que interessante, Paulo! Vou anotar para ler essa tese com cuidado. Onde posso encontrá-la?

– No *site* <www.teses.usp.br>. As teses e dissertações defendidas na USP estão, obrigatoriamente, desde os anos 2000.

– Obrigada, vou usar essa sua dica para pesquisar mais sobre o assunto. Ainda acho que o impacto de ser casado e ter filhos é diferente para homens e mulheres, considerando o papel socialmente atribuído à mulher no cuidado da casa e dos filhos em nosso país.

– Pode ser, Isa, vale a pena aprofundar.

– Sabe, Paulo, fiquei com um incômodo. Eu pensava que os fatores atribuídos aos docentes e às instituições de ensino eram dados e sobre eles eu não poderia atuar de maneira tão direta. Mas sobre os fatores relacionados aos discentes seria diferente, ou seja, eu poderia ter mais ação. Agora, depois de nossa conversa, considerando as variáveis demográficas, sinto como se fossem profecias. Se você está enquadrado em um grupo com determinadas características demográficas, o seu destino está determinado.

Paulo a interrompeu:

– Calma, Isa...

Mas ela insistiu e continuou:

– Você sabe da minha história, Paulo. Se eu for me colocar de acordo com as variáveis demográficas em todos esses estudos, a chance maior é de fracasso. Você sabe como as pessoas ainda tratam os diferentes. Você se lembra quando solicitaram a presença da minha mãe aqui?

– Claro que me lembro. Mas isso foi no início do curso, na época não éramos tão próximos e você vivia se isolando, triste, até o dia em que a professora te encontrou chorando e chamou sua mãe na escola. A professora Raquel veio até nossa sala, você não havia chegado ainda, mas ela nos pediu para que tentássemos te integrar à turma, pois estava passando por momentos difíceis, mas não revelou qual era seu problema. Foi quando resolvi me aproximar de você.

– Então, Paulo, naquela época vivi um dos piores momentos de minha vida, um pesadelo. Pensa bem, Paulo, se essa situação acontecesse com você. Você está na rua, mais especificamente, na porta de sua casa, tentando abrir a porta do carro de seu pai, no entanto a porta está travada e você tem que fazer força para abri-la. Nesse momento, passa um carro de polícia e estaciona do seu lado, julgando você uma ladra pelo simples fato de ser NEGRA.

– É inacreditável, Isa! Não desejo isso a ninguém...

Paulo ficou bastante desconcertado com o relato do que havia acontecido a Isa, que exclamou com os olhos marejados de lágrimas:

– Paulo, foi horrível!!! Tentei explicar para os policiais que o carro era dos meus pais, mas eles nem me ouviram. Pediram meus documentos. E, por um grande azar, estava sem nenhum documento no momento. Foi tudo que precisavam para me levar. Fiquei três horas na delegacia, fechada em uma cela mesmo, acredita? Até conseguirem entrar em contato com meus pais para que eles fossem me buscar. Às vezes, as pessoas acham que já evoluímos muito em relação à discriminação e ao preconceito. No entanto, só quem sente na pele sabe o quanto ainda é difícil lidar com situações assim.

Isa ficou entristecida ao se lembrar do que havia acontecido e Paulo ficou abatido com a história de Isa, pois sabia muito bem o que era isso. A mãe de Paulo também era negra e já havia passado por inúmeras situações de racismo. Paulo sabia das dificuldades enfrentadas por Isa e, por isso, muitas vezes, se colocou contra o sonho dela, na verdade, na tentativa de protegê-la. Só que, no fundo, Paulo estava cada vez mais comprometido com o sonho de Isa e pensava: "Essa menina é realmente uma guerreira, ela merece".

Nesse momento, o professor chegou, não dando possibilidade de continuarem a conversa. Paulo se dirigiu para o "fundão". Foi difícil prestar atenção àquela aula. O pensamento de Paulo estava nas últimas palavras da amiga. De repente, ele se questionava a respeito de sua decisão de fazer com que ela mantivesse os pés no chão. Paulo pensou, olhando discretamente para a amiga, que uma pessoa com tamanha resiliência como Isa tinha direito de tentar contrariar as estatísticas. Um sentimento diferente começava a dominar seu pensamento.

No outro dia, bem cedinho, Isa resolve procurar a professora Camila para saber mais sobre as variáveis demográficas. Camila, como sempre, muito gentil, tratou de tentar acalmar o coração da jovem Isa, mostrando que não há nada conclusivo sobre etnia e desempenho acadêmico.

– As pesquisas apresentam resultados divergentes. Logo, não se pode "bater o martelo" sobre isso, disse a professora Camila para Isa.

Camila explicou que as variáveis demográficas relacionadas ao desempenho acadêmico, que são praticamente consenso entre as pesquisas, são o *status* socioeconômico e a escolaridade dos pais (Figura 1). As demais dependem muito do contexto.

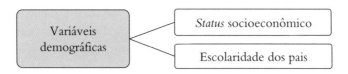

Figura 1. Determinantes demográficas relativas ao corpo discente

– Isa, as variáveis acadêmicas e as comportamentais são as mais significativas na explicação do desempenho acadêmico – continuou a professora Camila.

Isa procurou em suas anotações um esquema para apresentar a Camila.

– Professora Camila, eu já havia feito um esquema a respeito das variáveis acadêmicas, que são desempenho anterior, conhecimento prévio e absenteísmo, não é isso (Figura 2, Capítulo 7)?

– Sim, temos também o uso que fazemos do nosso tempo.

– Uso do tempo? A que se refere, especificamente?

Camila olhou para Isa, falando pausadamente:

– Isa, refere-se a como distribuímos nosso tempo nas diversas atividades que temos a fazer. Quantas horas nos dedicamos a estudar fora da sala de aula, quantas horas destinamos ao sono, quantas horas destinamos a trabalhar...

Isa pareceu surpresa:

– Quer dizer que até o quanto dormimos influencia no nosso desempenho acadêmico?

Camila cuidou de enfatizar esse ponto, olhando firmemente para Isa.

– Isso mesmo, Isa! Ao observar a literatura, encontrei apenas um estudo que tratasse especificamente de horas de sono e desempenho acadêmico. Esse estudo apontava para o que era de se esperar: Quanto melhor nossa noite de sono, melhor será nosso desempenho acadêmico. Isa, quantos alunos vemos morrendo de estudar madrugada adentro no dia anterior a uma avaliação, por exemplo?

– Bom, me incluindo, "somos" vários e vários.

Isa pareceu ficar sem jeito. Embora não tivesse esse hábito, pois sempre se preparava antecipadamente para as avaliações, já havia, eventualmente, passado a noite estudando em véspera de prova. As duas riram, desmanchando o desconforto. Isa continuou:

– Em relação às horas destinadas a trabalhar, acredito que a relação seja inversa, certo, professora? Ou seja, quanto mais horas eu me dedicar ao trabalho, menor será meu desempenho acadêmico, tendo em vista que terei menos tempo para me dedicar aos estudos.

Camila meneou a cabeça, já mostrando que o assunto não era tão simples assim.

– Isa, você está correta em parte. A relação esperada é essa mesma e essa lógica serve para diversas áreas do conhecimento. No entanto, existem estudos que mostram que, na área de negócios, caso o aluno trabalhe na própria área de formação, isso pode contribuir para seu bom desempenho acadêmico. Então, não podemos afirmar com clareza que o fato de o aluno trabalhar influenciará negativamente o seu desempenho acadêmico. Se analisarmos, especificamente, o curso de Ciências Contábeis, por exemplo, em geral, seus colegas que trabalham na área têm maior ou menor facilidade para aprender os conteúdos?

> *Existem estudos que mostram que, na área de negócios, caso o aluno trabalhe na própria área de formação, isso pode contribuir para seu bom desempenho acadêmico.*

Isa logo se lembrou de Paulo. A experiência profissional parecia compensar as horas a menos de dedicação aos estudos. E não era apenas Paulo.

– Nossa, professora Camila, muitas vezes, esses trabalhadores-estudantes parecem estar anos-luz à frente daqueles que nunca vivenciaram situações práticas. Eles conseguem fazer perguntas sobre o que acontece no dia a dia do escritório de contabilidade ou na controladoria das grandes empresas. Percebo que demonstram mais facilidade em alinhar a teoria aprendida à prática. É esse o caso de meu amigo Paulo, que recentemente até me ajudou a analisar algumas variáveis demográficas.

Pelo tom de voz com que Isa pronunciou o nome de Paulo, Camila pressentiu que algo havia mudado na postura do amigo de Isa. Pelo menos, era isso que ela esperava.

– Por isso, Isa, não se pode afirmar ou concluir que o fato de um estudante trabalhar afete negativa ou positivamente seu desempenho. Mas o número de horas dedicadas ao trabalho também pode ser determinante para o estabelecimento dessa relação. Se o estudante trabalha de forma exaustiva, por exemplo, provavelmente, durante a aula, não conseguirá se concentrar. Ele também não terá muitas horas disponíveis para se dedicar ao estudo fora da sala de aula. E tudo isso, no conjunto, pode fazer com que seu rendimento acadêmico caia.

Isa se lembrou de quantos dias Paulo chegara tão cansado do trabalho para a aula que apenas conseguira ficar lá, de corpo presente, sem qualquer condição de participar ativamente das discussões propostas. A professora Camila, por seu lado, pensava que essa era a condição dos

> *Se o estudante trabalha de forma exaustiva, por exemplo, provavelmente, durante a aula, não conseguirá se concentrar. Ele também não terá muitas horas disponíveis para se dedicar ao estudo fora da sala de aula. E tudo isso, no conjunto, pode fazer com que seu rendimento acadêmico caia.*

Capítulo 9

trabalhadores-estudantes, um grupo majoritário no ensino superior no Brasil. Mas Isa interrompeu seus pensamentos ao comentar:

– Então, além de pensar se devo ou não trabalhar durante a graduação, ainda tenho que analisar quantas horas esse trabalho consumirá do meu tempo e se o trabalho será na minha área? Nossa, professora Camila, são tantas as variáveis que afetam o desempenho! Meu Deus! Outro ponto que você comentou é quanto às horas dedicadas ao estudo fora da sala de aula. Parece-me óbvio que, quanto mais horas de estudo, melhor será meu desempenho acadêmico, certo?

– Perfeito, Isa, o raciocínio é exatamente esse mesmo. E há várias pesquisas que testaram empiricamente e chegaram a essa conclusão. Ou seja, quanto maior o esforço pessoal, melhor será o desempenho acadêmico.

> Há várias pesquisas que testaram empiricamente e chegaram a essa conclusão. Ou seja, quanto maior o esforço pessoal, melhor será o desempenho acadêmico.

Isa ficou pensativa, fazendo mentalmente várias contas para saber quantas horas estava se dedicando fora da sala de aula e se lembrou da Teoria da Atribuição. Tudo parecia se encaixar em sua na cabeça. Quase sem perceber, ela refletiu em voz alta:

– Bom, se as variáveis que mais influenciam meu desempenho acadêmico são as acadêmicas, são controláveis por mim! E a Teoria da Atribuição aponta que nossa tendência é atribuir o sucesso a causas internas e o fracasso a causas externas. Parece bem coerente!

Nesse momento, Isa completou uma caixinha que estava em branco no seu esquema sobre as variáveis acadêmicas. Tratava-se do uso do tempo (Figura 2).

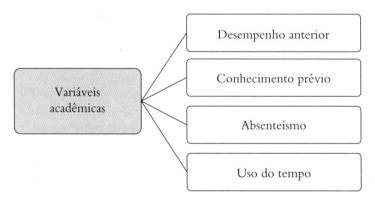

Figura 2. Determinantes acadêmicos do desempenho acadêmico (completa)

10
Amarrando as pontas

Capítulo 10

Enquanto se arrumava em seu quarto, Isa pensava sobre tudo que havia vivido até aquele momento e, apesar de estar feliz com cada uma das descobertas, fielmente anotadas em seu inseparável caderno, ela se sentia consciente de que, assim como o professor Beto já havia lhe chamado a atenção, ela necessitava integrar os conhecimentos que havia adquirido de modo a organizar seu próprio raciocínio acerca do desempenho acadêmico e seus determinantes. Ao se lembrar do professor Beto, ela recordava cada um dos personagens de sua própria história, e como eles haviam colaborado para que chegasse onde chegou, em termos de suas descobertas.

Os professores Camila, Marta, Raquel, Beth, Beto e Helena, o amigo Paulo, os pais e tantos outros atores coadjuvantes, mas igualmente importantes, que sequer sabiam tê-la ajudado com sua própria história, como o Sr. Otávio, que trabalhava na empresa com o seu pai. Mas não eram apenas os personagens que haviam contribuído para sua caminhada, mas as próprias circunstâncias. Muitas delas, extremamente difíceis e complexas, haviam feito com que experimentasse, ou seja, vivesse empiricamente as teorias com que gradualmente se deparava. Enfim, Isa tinha convicção de que já não era mais a mesma do início daquela empreitada. E, assim, qualquer que fosse seu resultado, tudo tinha valido a pena, pois ela se descobrira renovada, mais madura e também confiante.

Isa foi para a cozinha onde rapidamente tomou café e se organizou para sair de casa, quando sua mãe lhe questionou:

– Ué, filha, aonde você vai?

– Vou para a faculdade, mãe! Embora seja sábado, hoje temos uma visita técnica durante o dia a uma fábrica de produção de óleo de soja e seus derivados aqui da cidade. Um de nossos professores quer nos mostrar a dinâmica interna da firma, incluindo uma conversa com um dos gestores financeiros e uma visita ao chão da fábrica.

– Nossa! Que interessante! Acho legal esse tipo de iniciativa!

– Eu que o diga! Estou animada com essa ideia. Talvez, para quem já convive com esse universo, trabalhando, não seja nenhuma novidade. Mas para mim e para outros que, assim como eu, não trabalham ainda, é extremamente interessante.

– Verdade, filha! Boa sorte com essa visita, então!

– Obrigada, mãe! Até a noite!

Isa se despediu da mãe com um beijo e saiu animada para a visita. Mas, ainda assim, um tanto dispersa com seus próprios pensamentos que apontavam para a necessidade daquela articulação de conhecimentos sobre o desempenho discente.

Chegando à "Camponesa Óleos e Sementes", os alunos acompanharam o Sr. Marcus Augusto, gerente de produção, que lhes apresentava cada etapa do processo produtivo antes de serem levados à conversa com o Sr. Geraldo, gestor financeiro. O Sr. Marcus apontava para a importância da compreensão de cada fase da produção pelo gestor financeiro a fim de que ele pudesse realizar com eficácia seu trabalho, tendo uma noção apurada dos custos da firma e dos processos que agregam valor ao produto.

– Legal, não é, Isa? Esse universo repleto de máquinas e equipamentos? – Paulo indagou mais para chamar a atenção da amiga, que tinha um olhar longínquo, justamente sobre o "chão da fábrica" onde estavam sendo processadas as operações.

Isa sorriu delicadamente.

– Sim, claro! Acho sempre tão interessante ver, independentemente da natureza do produto, esse processo de transformação das coisas. Tudo chega num estado bruto e, com a ação de alguns agentes, dentre eles, pessoas, máquinas, artefatos químicos, se transforma naquilo que se esperava, que é produto acabado.

– É verdade! Do ponto de vista econômico, é aqui que se materializam as chamadas funções de produção da firma, em que se combinam alguns insumos em dadas quantidades e, por meio de um processo de articulação entre eles, obtém-se o *output*, ou seja, o produto.

Paulo mal terminara de falar e Isa sentia aquele frio na barriga típico de quando tinha algum *insight* espontâneo, com a ajuda das próprias circunstâncias.

– Qual o termo mesmo que acabou de utilizar para descrever o processo?

– Função de produção?

– Isso! De onde deriva esse termo?

– Da economia... Por quê?

Isa não queria adiantar ao amigo suas ideias e, então, apenas respondeu que não se tratava de nada específico, apenas curiosidade mesmo.

As horas passaram lentamente para Isa desde então. Ela queria chegar em casa, após a visita, para raciocinar e colocar no papel o que lhe vinha à cabeça. Finalmente, essa hora chegou. Ela se trancou no quarto e começou a pesquisar sobre a função de produção.

Isa tomou conhecimento da função de produção por meio da obra de Pindyck e Rubinfield (2010).[1] Começou, então, a tomar nota, como de costume:

Teoria da Função de Produção da Firma

✓ No âmbito da teoria microeconômica, estabeleceram-se estudos acerca de consumidores e firmas, acompanhados da gênese de vários pressupostos e princípios especialmente desenvolvidos para dar conta da apreensão das relações econômicas que se estabelecem entre estes.

✓ No plano específico da firma, residem os fundamentos que apresentam o processo produtivo, sendo este, conforme Pindyck e Rubinfeld (2010), de modo bastante simples, a combinação e a transformação de insumos ou de fatores de produção em produtos.

(continua)

Capítulo 10

(continuação)

✓ Desse modo, os insumos ou os fatores de produção, os quais poderiam ser identificados como capital, trabalho e matérias-primas, dada uma determinada tecnologia, são combinados, segundo coeficientes técnicos, de modo a resultar no produto desejado, e é exatamente essa combinação que representa uma função de produção, conforme ilustra a Equação 1.

$$Y = AX1 + BX2 + CX3 \qquad (1)$$

✓ Assim, a produção é apresentada como uma função das combinações técnicas dos referidos insumos, as quais podem, inclusive, ser representadas geometricamente por "isoquantas", que são nada mais do que curvas no plano cartesiano que apresentam todas essas possíveis formas de combinação.

Depois de tomar suas notas, Isa repetia consigo mesma: "Acho que encontrei uma forma de sistematização de minhas ideias para meu problema metodológico. O desempenho acadêmico também é um produto derivado da combinação de tantos 'insumos' ligados ao processo de ensino e aprendizagem".

Isa não se continha de tanta euforia. Precisava muito conversar com o professor Beto sobre isso! Ela lhe enviou um e-mail pedindo para ter um atendimento com ele. Atento como sempre aos seus e-mails, Beto lhe respondeu que, coincidentemente, estaria na faculdade na segunda-feira para participar de uma comissão para realização da avaliação discente e docente e que, portanto, teria um tempinho para falar com ela.

Ao chegar à sala do professor, Isa ostentava um brilho diferente no olhar, que Beto não pôde deixar de notar e associar a alguma descoberta.

– Olá, Isa! Você parece bastante entusiasmada. O que está acontecendo?

Isa não conseguia disfarçar sua euforia. Queria se desculpar, por mera formalidade, por tomar tempo do professor, mas foi direto ao assunto que tanto desejava abordar:

– Olá, professor! Você está certo. Eu estou bem animada com uma teoria que tive acesso ontem, indiretamente, por meio da visita técnica que fizemos. E, claro, não poderia deixar de reconhecer que foi meu amigo Paulo que a trouxe à tona.

– Nossa! Parece ter sido bem produtiva a visita.

Beto ficou animado com as notícias da aluna, não só porque torcia com afinco por aquela jovem, cuja determinação fizera criar nele tanta estima nos últimos tempos, mas também porque gostava muito desse tipo de prática didática, de visitas técnicas, como técnica de ensino.

– Conte-me logo o que descobriu!

Isa foi colocando em cima da mesa diversos esquemas que ela fizera sobre desempenho acadêmico.

– Veja, professor!

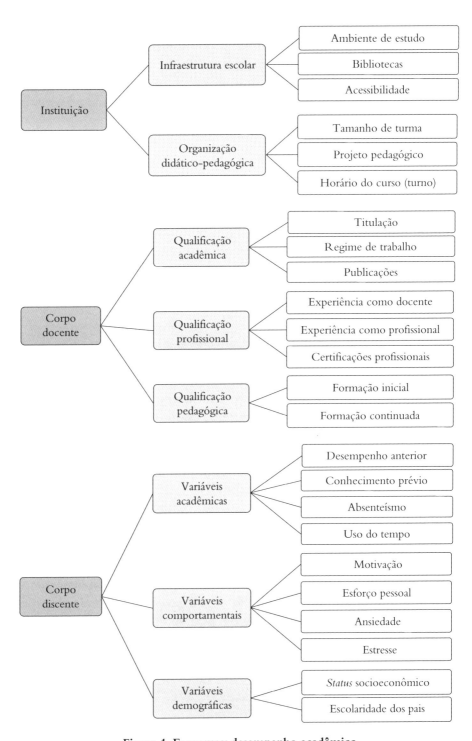

Figura 1. Esquemas: desempenho acadêmico

Capítulo 10

– Professor, acho que sei como amarrar as pontas de tudo que fui descobrindo ao longo dos últimos tempos sobre o desempenho acadêmico e seus determinantes.

Isa retirou seu caderninho de anotação e apresentou a Beto a teoria microeconômica sobre a função de produção da firma.

– Professor, essas variáveis são os *inputs* e o desempenho acadêmico é o resultado da firma, ou melhor, da escola.

– PARABÉNS!!! Excelente!!! Você sabia que essa teoria foi adaptada efetivamente por alguns estudiosos na área da educação? Eles a denominaram Teoria da Função de Produção da Educação. Em outras palavras, sua intuição e raciocínio fazem, portanto, todo sentido!!! Eu não te falei nada antes porque queria esperar para ver até onde conseguiria chegar com seu próprio esforço.

Isa ficou espantada e nem teve palavras para responder qualquer coisa. Havia ficado mesmo nervosa com as postergações sucessivas da resposta que desejara receber anteriormente.

– Agora, imagina quem tem pesquisado sobre essa teoria aqui na instituição, Isa?

– Quem? Quem? Quem?!

– A professora Camila Lisboa.

Isa agradeceu a Beto e já foi logo pegando o smartphone para, ali mesmo, no corredor do bloco, enviar uma mensagem à professora Camila. Não tardou muito e, no mesmo dia, Isa recebeu um e-mail da professora que, contente pela aluna, muito gentil e entusiasmadamente, passou-lhe o trabalho de Hanusheck e Woessmann (2014)[2] para que ela pudesse estudar sobre a Função de Produção da Educação. Naquela noite, durante a aula, Isa não poderia deixar de se lembrar do amigo Paulo, pois, de alguma forma, ele a havia ajudado, mesmo sem saber.

– Paulo, você vai sair para comer alguma coisa no intervalo?

– Sim, estou morto de fome! Você paga?

– Pode "tirar o cavalinho da chuva"!

– Que isso, Isa? Eu sou um pé-rapado.

– Coitadinho... Aliás, você sabe de onde vem a expressão "pé-rapado"?

– Não!

– Essa vem de uma noção um tanto preconceituosa. Antigamente, quem era pobre sequer tinha sapatos. Então, quando caminhava pela terra molhada, a pessoa precisava tirar o grosso da sujeira, raspando o pé com uma faca, quando ia adentrar uma casa ou estabelecimento. Daí a expressão "pé-rapado".[3]

– Que legal! E a expressão "tirar o cavalo da chuva", você sabe de onde vem?

– Sim. Essa também é uma expressão antiga, dos tempos em que o cavalo era o principal meio de transporte. Se alguém visitasse outra pessoa e não tivesse a intenção de demorar, deixava o animal desprotegido, na frente da casa. Entretanto, às vezes, o anfitrião o convidava para ficar mais, falando para o amigo abrigar melhor o bicho, utilizando a frase "Pode tirar o cavalo da chuva", ou seja, "Desista dessa ideia de ir embora".[4] No nosso caso, quero dizer para você desistir dessa ideia de que eu pague o seu lanche.

Os dois riram e se encaminharam para a lanchonete. No caminho, Isa começou a descrever o que lhe veio à cabeça quando o amigo citou a função de produção durante a visita técnica.

– Puxa, Isa! Que é isso? Então, você está me dizendo que conseguiu associar aquela nossa visita e minha fala sobre o processo produtivo da firma à sua investigação sobre o que determina o desempenho de um aluno?

Paulo parecia estupefato com a habilidade da amiga de promover articulação entre seus dilemas e cada realidade que vivia. Afinal, não era a primeira vez que isso ocorria.

– Pare, Paulo! Assim você me deixa sem jeito!

Isa riu desconsertada, mas um pouco orgulhosa de si mesma, pois gostava de ter um bom olhar sobre si. Afinal, queria colocar em prática a teoria da autoeficácia. E continuou:

– Sei lá! Eu começo a observar a realidade e, de repente, me vejo fazendo conexões entre meus dilemas e o que percebo do mundo, de como as coisas funcionam.

Paulo sentiu vontade de admitir sua admiração pela amiga e externar sua certeza de que ela tinha uma grande chance de vencer aquele desafio. "Como eu fui tolo!", ele pensava. Sabia da inteligência e dedicação da amiga, mas jamais imaginava que ela pudesse ser tão perspicaz e obstinada como se mostrou durante essa jornada. Refletiu mais um pouco, hesitou e achou melhor não reconhecer sua mudança de ideia, pois ponderou bem a concorrência que a amiga enfrentaria e outros fatores que pesavam contra ela. Contentou-se em parabenizá-la pela recente associação e descoberta.

– Muito bem, Isa! Meus parabéns! Espero, então, que consiga finalizar sua investigação com essa teoria.

Chegado o dia do encontro com a professora Camila, Isa já havia lido o trabalho indicado e até mesmo acessado, por conta própria, outros trabalhos de Erick Hanusheck.

– Olá, Isa! – Camila cumprimentou-a alegremente. – Vejo que está portando seu inseparável caderno de anotações.

– Oi, professora Camila! Estou sim! Tornou-se meu companheiro estimado.

As duas riram abertamente.

– Bem, primeiramente, quero lhe parabenizar por ter se dado conta, antes mesmo que eu lhe dissesse qualquer coisa, de que a obtenção de um dado desempenho acadêmico pode ser descrita por um processo do tipo "produtivo", como o da função de produção. Você sabe tirar o melhor de tudo que vê.

Isa sentiu-se acanhada, mas quis lidar naturalmente com aquele elogio.

– Obrigada, professora!

E, imediatamente, abriu seu caderninho e começou a lhe apresentar as folhas com as anotações, conforme descrito a seguir:

Amarrando as pontas:

A função de Produção da Educação!

✓ Tomando por base a função de produção elaborada no âmbito da Teoria da Firma, estudos na área da Educação desenvolveram uma interessante analogia entre o processo produtivo, caracterizado pela combinação de diversos insumos com vistas à obtenção de um produto, e o processo educacional, tendo por objeto esperado um dado nível de desempenho acadêmico.

✓ Desse modo, a assim denominada "Função de Produção da Educação" representa uma variedade de "insumos" relativos a famílias, estudantes e escolas, incorporados e combinados no processo de educação para obtenção de um dado nível de desempenho estudantil como produto.

Esses insumos podem ser genericamente representados por recursos da escola, como infraestrutura e currículo pedagógico, por exemplo; qualificação dos professores; atributos do próprio *background* familiar e cultural do aluno; nível de esforço do estudante; políticas públicas específicas à educação, entre outros elementos.

✓ Já o produto dessa função, ou seja, o desempenho acadêmico, também pode ser apresentado sob diversas medidas, como a média geral obtida em um semestre, a nota alcançada em uma prova ou disciplina específica ou mesmo a nota de exames nacionais voltados para aferição do conhecimento em determinados ciclos do ensino.

✓ Em Hanusheck e Woessmann (2014), os autores nos apresentam algebricamente uma função de produção da educação, internacionalmente reconhecida na literatura da produção educacional, na qual o desempenho do aluno é medido por "T", o vetor "F" captura características do estudante e do *background* familiar, o vetor "R" apreende os recursos escolares, "I" traduz características institucionais da escola e do sistema educacional e "A" trata da habilidade individual do aluno, como demonstra a Equação 2.

$$T = a_0 + a_1F + a_2R + a_3I + a_4A + e \qquad (2)$$

✓ Os próprios autores reconhecem a complexidade envolvida na mensuração de fatores tão correlatos e naturalmente pouco exógenos no sentido estatístico, bem como a possibilidade de se omitir alguma importante variável desse processo. Contudo, independentemente das limitações que a função de produção da educação possa apresentar – colocada a legítima dificuldade de se incorporar à "equação" todos os insumos que determinariam o desempenho estudantil, bem como o caráter endógeno destes –, é necessário reconhecer que ela nos proporciona uma percepção importante acerca de como **a *performance* do aluno** no plano educacional resulta de uma soma de elementos que dependem ou independem do estudante, bem como de toda a sociedade, representando, outrossim, um verdadeiro convite à identificação das responsabilidades e do papel de cada um na construção dos saberes.

Características dos alunos
Idade
Gênero
Idade de início escolar
Língua materna
Período escolar em que se encontra

Background familiar
Com quem o aluno reside
Status ocupacional dos pais
Emprego dos pais
Disposição de livros em casa
Faixa de renda *per capita* em que a família se insere

Escola
Localização da escola
Grau de despesa por aluno
Tamanho da sala
Falta de material instrucional
Tempo de aula
Grau de instrução do professor

Instituições
Oferta de ensino público e privado
Monitoramento do cumprimento do programa por parte dos professores
Exames externos de aferição do conhecimento
Avaliações utilizadas para comparar desempenho local/distrital *versus* nacional
Autonomia das escolas na definição da utilização do orçamento
Autonomia no estabelecimento de salários
Autonomia na contratação de professores

Resumo de parte dos insumos produtivos da função da educação reconhecida internacionalmente

Fonte: Elaboração com base em Hanushek e Woessmann (2014).[5]

Camila estava encantada com as anotações da aluna. Ela tinha noção de que aquela organização lógica, bem como a figura que esboçou com base em Hanusheck e Woessmann (2014) constituíam um verdadeiro referencial teórico do assunto.

Capítulo 10

– Bem, professora, essa figura elenca os fatores apontados no trabalho dos autores como "insumos" do processo que resultará no desempenho do aluno. Mas eu tenho minha própria figura, minha própria função de produção, com base nos meus achados. As variáveis são relativamente diferentes.

Camila sorriu, pois já esperava por aquilo. Isa tinha dado várias provas de seu potencial.

– Imaginei mesmo, Isa! Mostre-me então a sua figura.

Isa virou a página do seu caderno de anotações e apresentou sua função de produção para o desempenho acadêmico, com confiança, conforme já havia mostrado para o professor Beto.

– As diferenças existentes podem ser explicadas pelo fato de que o contexto e o nível de ensino investigado por Hanushek e Woessmann (2014), que foram os Estados Unidos e o ensino básico, são bastante diferentes daqueles investigados por você.

– É verdade... não havia pensado nisso.

Enfim, Isa havia amarrado as pontas com essa teoria. E, assim, tinha resolvido seu problema metodológico.

Parece que nada acontece por acaso, pois, mal acabara de resolver a charada sobre os determinantes do desempenho acadêmico, Isa recebeu a notícia de que havia passado na primeira fase do processo seletivo para a bolsa de pós-graduação na Escócia. Essa fase tratava da avaliação curricular e da proficiência em língua inglesa. Mas, agora, ela precisaria enviar cartas de indicação de três professores, bem como o projeto de pesquisa.

Quanto às cartas, foi relativamente fácil consegui-las, dado o bom relacionamento que mantinha com seus professores. Para a construção do projeto, ocorreu o mesmo. O apoio de sua "rede" foi fundamental. Ela pesquisaria sobre "Determinantes do Desempenho Acadêmico em Ciências Contábeis: um estudo comparativo entre Brasil e Escócia". Como avançara nesse assunto, pretendia aproveitá-lo para o mestrado e estudar História da Contabilidade no Doutorado. "Se possível, com o professor Alan Sangster", pensou Isa.

Enviou os documentos e mergulhou nas atividades relativas à formatura (vestidos, festa, discursos, ensaios etc.). Isa vivia dias muito alegres, até porque, finalmente, seu pai havia conseguido um novo emprego. Agora ele era concursado. Depois de alguns meses de muito estudo, finalmente conseguira ser aprovado no cargo de Administrador na Prefeitura da cidade. Estava muito contente.

11 Os segredos do desempenho acadêmico

Capítulo 11

O tempo avançava célere. Enfim o curso de Isa terminara. Um sentimento estranho começou a tomar conta da estudante. Embora se intitulasse contadora, não se sentia preparada para a atuação profissional. Estava insegura. Nesses momentos, seu desejo de continuar os estudos fora do Brasil se tornava ainda mais forte e sua ansiedade quanto ao resultado da seleção realizada pela universidade escocesa era quase incontrolável.

Mas, enfim, chegara o grande dia. O resultado seria divulgado no *site* da instituição promotora. Isa não dormiu naquela noite. Eram 6 horas da manhã, num sábado que nascia ensolarado, quando Isa deu um grito de seu quarto, acordando toda a família, ao acessar a página com o resultado do processo seletivo.

– GANHEI!!!!! Eu ganhei a bolsa, eu ganhei!!!!!

Seus pais chegaram correndo e a encontraram chorando, mas de felicidade. Abraçaram-na e, depois, a repreenderam alegremente pelo escândalo. Em poucos instantes, enquanto sua mãe preparava o café, Isa já havia enviado mensagens a todos os seus professores e para o amigo Paulo, informando sobre a conquista e agradecendo pelo apoio. Era um dos dias mais felizes de sua vida.

Ao tomarem conhecimento do ocorrido, os colegas de Isa, mobilizados por Paulo, decidiram homenageá-la, tornando-a oradora da turma. Ela aceitou com um pouco de receio, mas muito feliz. Depois, começou a pensar no que diria para as pessoas que estariam na formatura. Refletiu bastante sobre tudo que havia ocorrido em sua trajetória acadêmica.

No dia da formatura, o mestre de cerimônias anuncia:

– Convido a oradora da turma, Isabela Lima.

Assovios, aplausos e gritos invadiram o ambiente. Isa se dirigiu ao púlpito.

Discurso

– *Queridos colegas de sala, estimados professores, amados pais, irmãos e amigos, este é um momento muito especial para nós. Foram muitos momentos difíceis, algumas situações nos pareciam mesmo insuperáveis. Mas passaram! E estamos aqui. Gostaríamos de agradecer imensamente todo o apoio que tivemos de vocês ao longo desta caminhada.*

É difícil para nós falarmos do futuro, pois ele ainda nos é uma incógnita, e a Deus pertence, como diriam. Mas podemos falar do passado, do que ficou desses poucos e intensos anos que vivemos juntos. Afinal, aprendemos muito!

Podemos dizer, a princípio, que somos privilegiados, pois apenas 17 em cada 100 jovens brasileiros, de 17 a 24 anos de idade, conseguem acessar o ensino superior, público ou privado. E destes, apenas 3/4, ou seja, aproximadamente 13 estudantes, conseguem concluí-lo. Assim, ao mesmo tempo em que devemos agradecer por compor essas estatísticas do lado "privilegiado", devemos nos conscientizar da importância de nos esforçarmos para que as futuras gerações tenham melhores chances que as desses outros brasileiros que não tiveram a oportunidade que nós tivemos. É nossa responsabilidade social.

Pesquisas ao redor do mundo apontam que os estudantes são os maiores responsáveis por seu sucesso ou fracasso na vida escolar. Eles são os protagonistas de sua própria história. Essas mesmas pesquisas apontam algumas dicas importantes para que aproveitemos ao máximo esse breve período

Os segredos do desempenho acadêmico

em que passamos pela universidade. Como hoje, a necessidade de educação continuada nos impõe a realidade de estudarmos a vida inteira, penso que essas dicas ainda serão úteis a muitos aqui presentes. Chamo-as carinhosamente de "Os segredos do desempenho acadêmico". Vamos a eles!

- ✓ Aproveitem as oportunidades de formação social, política e acadêmica que são oferecidas pelas instituições de ensino, como: Programa de Ensino Tutorial (PET), Iniciação Científica, Monitorias, Empresa Júnior, Congressos, Cursos de Extensão, Oficinas etc.

- ✓ Se você precisar trabalhar durante os estudos – geralmente isso ocorre com a maioria de nós –, dê preferência a empregos ou atividades na área do seu curso. E lembre-se: nesse momento da vida, sua prioridade deve ser os estudos.

- ✓ Empenhe-se desde os períodos iniciais, consciente de que a construção do conhecimento é cumulativa. O que você aprender no primeiro período será a base sob a qual construirá os aprendizados do segundo período, do terceiro e assim por diante. Ou seja, é a base do seu futuro profissional.

- ✓ Evite distrações enquanto estuda. Fuja do WhatsApp, Facebook e outras redes sociais.

- ✓ Evite chegar atrasado às aulas. Pontualidade é importante!

- ✓ Assista a todas as aulas e tome notas. Use o método simples, como caderno e caneta.

- ✓ Os exercícios e trabalhos a serem realizados fora de sala são mais fáceis se a aula ainda está fresca em sua memória.

- ✓ Assim que surgir dificuldades, não sofra sozinho. Procure a ajuda do professor, de um monitor, dos colegas, do apoio pedagógico. Não há vergonha nenhuma em pedir ajuda! Um dia você pede, no outro poderá oferecer.

- ✓ Seja consciente de que a ansiedade e o estresse só prejudicam seu desempenho. Para evitar tais situações, procure não procrastinar, não atrasar a realização de suas tarefas.

- ✓ Seja organizado. Faça uma agenda de estudos.

- ✓ Leia os planos de aula das disciplinas. As informações mais relevantes para seu planejamento estão lá.

- ✓ Cuide do corpo. Durma bem, faça exercícios e se alimente adequadamente. É difícil se concentrar para aprender quando o corpo não está bem.

- ✓ Motive-se! Lembre-se do porquê você está aqui. O seu futuro dependerá, em grande parte, de como você passará por esse breve espaço de tempo aqui na faculdade.

- ✓ Nunca há mercado de trabalho saturado para os bons profissionais. Então, se prepare para ser um bom profissional!

- ✓ Estudos também mostram uma relação positiva entre escolaridade e salários. Quanto melhor seu desempenho escolar e quanto mais você estuda, melhores serão seus salários.

- ✓ A educação muda as pessoas, torna-as mais críticas, mais racionais, auxilia na organização do pensamento, da fala etc.

Gostaria de aproveitar esta oportunidade e falar também aos nossos professores. Eles também podem fazer a diferença para que venhamos a ter uma educação de qualidade em nosso país. Eu tive muita sorte, pois os meus professores e as minhas professoras fizeram a diferença. Mas, enfim, eu diria ao corpo docente que:

Capítulo 11

✓ *Conheçam os Projetos Pedagógicos dos cursos nos quais lecionam. Saibam onde e como se insere o conteúdo que ministram na formação dos futuros profissionais.*

✓ *Não se esqueçam de sua formação continuada. Busquem se qualificar. Seja por meio do mestrado, doutorado, cursos de didática e também pesquisem sobre os temas que lecionam.*

✓ *Proponham diferentes e variadas estratégias de ensino que sejam condizentes com a estrutura de ensino. Ousem ousar!*

✓ *Mas evitem estratégias que elevem demasiadamente os níveis de estresse e ansiedade dos discentes. Minha mãe sempre diz que é possível ser firme sem perder o equilíbrio. Acho que ela tem razão.*

✓ *Mantenham contato com as práticas profissionais. Fortaleçam a relação teoria e prática.*

✓ *Motivem seus alunos. Falem para eles sobre a relevância do conteúdo, da importância do curso superior, da boa formação, da sua construção pessoal como profissional, como cidadão ou cidadã, das oportunidades profissionais.*

✓ *Falem para os estudantes sobre esses determinantes. Falem da importância da frequência às aulas. Mas, também, façam chamada para que eles saibam que você está fazendo sua parte.*

✓ *Procure conhecer seus alunos. É preciso conhecê-los para melhor auxiliá-los na construção do conhecimento.*

✓ *Como estão na linha de frente, proponham melhorias no processo de ensino e aprendizagem aos gestores institucionais e ao próprio Estado. São vocês que conhecem esse ambiente. Então, vocês são as melhores pessoas para propor melhorias.*

Também não posso deixar de falar aos gestores das instituições escolares, pois o poder decisório, na maioria das vezes, está nas mãos deles. Caros gestores,

✓ *É impossível pensar em uma boa faculdade nos dias de hoje, de grande diversidade em todos os sentidos, que não se preocupe com as condições de infraestrutura. Acessibilidade, ambientes de estudo agradáveis e bibliotecas atualizadas são condições fundamentais para uma boa formação.*

✓ *Turmas muito grandes dificultam a atuação do docente, pois não permitem o uso de metodologias ativas e tornam a relação muito impessoal, visto que o professor não consegue se aproximar do aluno para atender suas necessidades individuais, tornando sua aula uma palestra.*

✓ *Na velocidade em que as coisas mudam, é preciso que fiquem atentos aos projetos pedagógicos dos cursos para que não sejam ministrados conteúdos de ontem para os desafios que teremos amanhã.*

✓ *É importante estimular e dar condições à qualificação do quadro docente, inclusive das lideranças, ou seja, coordenadores, chefes de departamento, diretores.*

✓ *Promovam ações de integração e motivação aos estudantes, bem como ações que visem a reduzir o absenteísmo escolar, pois a quantidade de faltas dos estudantes está fortemente relacionada às taxas de evasão.*

✓ *Reforcem o ensino nos períodos iniciais a fim de se construir uma boa base para o curso. Isso significa que os professores mais capacitados devem ser os primeiros a ter contato com os estudantes.*

Por fim, não posso deixar de lembrar aos nossos governantes e à sociedade em geral que a importância da Educação em nossas vidas e o papel do professor nesse processo já é senso comum. Mas não adianta ficar só no discurso. Precisamos de ações efetivas que valorizem a Educação e o Professor. Só assim conseguiremos desenvolver o nosso país, como tantos outros o fizeram.

Muito obrigada!

As palmas começaram tímidas. Parecia que todos ficaram imobilizados com as palavras de Isa. Mas, aos poucos, foram aumentando. Em seguida, as pessoas começaram a se levantar dos bancos. E, depois de um tempo, todos estavam de pé, aplaudindo o discurso de Isa. Ou melhor, "os segredos do desempenho acadêmico".

Isa e Paulo se abraçaram assim que ela retornou à cadeira junto à turma, para se sentar. Paulo não se cabia de orgulho. E tinha um outro sentimento, que ele ainda não sabia dar nome.

12
O "desafio" de Isa

Capítulo 12

Para Isa, os dias continuavam corridos, pois eram muitos os preparativos da viagem. Mas ela tinha uma tarefa importante, queria escrever uma carta de agradecimento às professoras e ao professor Beto. Ela relembrou de todos seus desafios para alcançar o tão almejado sonho. Sorriu lembrando do acolhimento e das reuniões com as professoras e o professor. Percebeu que eles haviam construído uma rede de apoio. "Essa rede foi como um abraço e um empuxo para que eu pudesse voar segura!", refletiu. Emocionou-se lembrando de tudo e deixou que a emoção guiasse suas palavras que foram fluindo rápido no papel. Queria escrever com sua letra, em um papel especial, fazendo com que fosse muito pessoal.

Queridas professoras Marta, Raquel, Camila e Lena e Querido professor Beto,

Não poderia deixar de registrar meus agradecimentos ao apoio que recebi de vocês para a realização do meu sonho de estudar no exterior. Cada um de vocês contribuiu para o meu planejamento e, com certeza, para meu desenvolvimento acadêmico.

Fecho os olhos e recordo as falas de cada uma e cada um me auxiliando a entender sobre as variáveis que afetam o desempenho acadêmico. Mas, principalmente, lembro o estímulo que me deram para não desistir e acreditar no meu potencial.

O aprendizado adquirido será para minha vida, não só acadêmica, mas também pessoal. Penso neste momento nas muitas "Isas" que vocês poderão ajudar, que estão refletidas nos estudantes que passarão pelas suas aulas, atendimentos, conversas, iniciação à pesquisa e várias outras oportunidades.

Para as professoras Marta, Raquel, Camila e Lena: vocês servirão de modelo para muitas outras mulheres que venham a escolher a Contabilidade como área de estudo e de atuação profissional. Elas poderão fazer a diferença!

Ao professor Beto: sua postura faz também a diferença, ao valorizar e acolher talentos independentemente de qualquer outra razão. Obrigada, professor! Sempre o vi como um aliado, alguém que pode não entender uma estudante em algumas situações, mas que acolhe e que ouve.

Assim, no final, ainda tenho mais um pedido especial a fazer a vocês: que continuem motivados com a educação, pois suas ações poderão determinar a atuação de muitos profissionais e, com certeza, contribuirão para o desenvolvimento do nosso país.

Não desistam dos desafios de educar e continuem iluminando nossos caminhos com o conhecimento de vocês... e lembrem... "uma andorinha voando sozinha não faz verão".

Um forte abraço da (agora e sempre) amiga.

Isa

Combinou com Paulo para que ele fosse o portador. Pediu para que pegasse em sua casa, assim poderiam se ver. Mas Paulo resolveu ir sem avisar, pois queria fazer uma surpresa. Quando chegou, foi muito bem recebido por Dona Glória. Isa não estava em casa, tinha saído para doar sangue. Paulo foi convidado a entrar para tomar um café.

– Dona Glória, fiquei muito feliz que Isa tenha conseguido a tão sonhada bolsa. E olhe que, a princípio, eu achava praticamente impossível. É uma garota de muita

O "desafio" de Isa

sorte. Embora tenha perseguido a maximização de seu desempenho acadêmico, no final, o que contou mesmo foi o caminho percorrido. Ou seja, o que lhe conferiu a bolsa foi, na realidade, o projeto sobre o desempenho acadêmico.

– Eu também fiquei muito contente, Paulo! Isa passou por momentos muito difíceis antes de você conhecê-la.

– Como assim?

– Acho que você conhece parte da história dela. Mas não conhece tudo. Como vocês são muito amigos, vou te contar... Como você deve ter percebido, Isa é negra, mas o pai dela e eu não somos.

– Eu nunca havia reparado bem, porque vocês são parecidas. O cabelo, o jeito de falar...

– Meu querido, Isa foi adotada quando tinha dois anos de idade. Sua família de origem era paupérrima. Na época, eles moravam numa casinha de lona, não tinham o que comer e sua mãe biológica recolhia reciclados nas ruas para tentar sustentar os cinco filhos. Foi nesse cenário que eu conheci sua família biológica. Eu participava de um projeto social que, no dia das crianças, distribuía brinquedos a crianças carentes pela cidade. Ao conhecer a história da mãe dela, eu fiquei muito comovida. A partir de então, nós começamos a ajudar a família. Um dia, vendo toda a dificuldade deles, eu conversei com meu marido e, após chegarmos a um acordo, propusemos à mãe biológica de Isa que cuidássemos da pequena, que era a mais nova dos cinco. Nosso acordo era que a menina cresceria conhecendo sua história e convivendo, na medida do possível, com sua família de origem. A mãe biológica de Isa não relutou em aceitar, pois sabia que sua filha teria uma vida melhor e com mais oportunidades.

Paulo estava sem palavras.

– Isa é nossa filha, de papel passado, mas sempre conviveu com sua família biológica. Principalmente nos finais de semana. E sempre soube de sua história. Isa cresceu vendo dois cenários muito distintos em sua vida. Nós a ensinamos que ela deveria ser grata pela oportunidade que estava tendo de estudar e ter possibilidades que seus próprios irmãos não tinham. Ela tem muita vontade de ajudar sua mãe e seus irmãos biológicos. Por isso essa vontade imensa de vencer na vida, de poder retribuir aos seus pais adotivos a oportunidade de ter tido uma história diferente. Mas, principalmente, de poder dar uma vida melhor à sua família biológica. O sonho de Isa de estudar no exterior era muito maior do que muitos pensavam, pois envolvia toda sua história de vida.

– Dona Glória, eu... não sei o que dizer...

– Paulo, não pense que foi fácil! Pouco antes de Isa entrar na faculdade, seu pai biológico faleceu. Ele estava doente e precisava fazer uma cirurgia. Mas não tinha condições. E, por isso, aguardava na fila do SUS. Entretanto, houve uma demora muito grande no atendimento e ele não resistiu.

– Meu Deus!!!

Capítulo 12

– Naquele dia, ao saber da notícia, ela, que era praticamente uma adolescente, saiu andando pelas ruas, sem rumo, sem propósitos, completamente desanimada. Ao passar em frente a uma casa religiosa, que ela diz não se lembrar se era um templo, uma igreja ou um centro, ela resolveu entrar. Sentou-se, encostou a cabeça no banco da frente, fechou os olhos e ficou em seus pensamentos quando adormeceu. Sentiu uma leve brisa tocar seu corpo, como se penetrasse em seu corpo e refrescasse todas as suas células e seus pensamentos, aliviando-a. Seu primeiro impulso foi tentar identificar que lugar era aquele, mas logo seus problemas começaram novamente a tomar conta de sua mente. Naquele instante, ela ouviu uma voz, peculiar, muito suave e, ao mesmo tempo, firme, dizer: – Minha filha, tudo passa! Tenha sempre coragem para pedir ajuda quando ela for necessária. Após ouvir aquelas palavras, Isa despertou e voltou para casa. Até hoje ela não lembra que lugar era aquele. Ela me contou o ocorrido e, então, nós procuramos uma psicóloga para ajudá-la a superar os problemas. Aliás, foi nesse tratamento que ela aprendeu, com a psicóloga Unaide, a se interessar pela origem das expressões populares. Era uma forma divertida de passar o tempo.

– Nossa! Agora eu entendo por que ela gosta tanto de explicar o significado dessas expressões.

– Nós procuramos ajudar a família também naqueles dias difíceis, Paulo, conforme nossas possibilidades. Desde então, Isa tem sido outra pessoa. Não é qualquer coisa que a tira do "eixo". Ela se esforça muito para conseguir o que quer. E, quando encontra obstáculos que não consegue superar, sempre pede ajuda.

Um filme que durou poucos segundos passou pela mente de Paulo, desde o dia em que conheceu e se aproximou de Isa, as dificuldades enfrentadas por ela, "aqueles impulsos" que sentia, de tentar conter o sonho de Isa e afinal, como foi naturalmente cedendo, apoiando e, por fim, até colaborando com o sonho da amiga. Paulo tentava esconder de si próprio, mas não estava conseguindo mais, tinha que admitir para si mesmo. Não era apenas amizade, era mais... Dona Glória interrompeu o breve devaneio de Paulo.

– Você parece distante, Paulo, parece que você foi para outra dimensão.

– Me desculpe, Dona Glória, por um momento eu realmente repensei a minha vida... E como a senhora está imaginando que será a sua vida sem a presença da Isa por dois anos?!

Nesse instante Paulo percebeu uma tristeza tomar conta do olhar de Dona Glória.

– Paulo, estou feliz pela conquista de minha filha, ela merece. Mas, ao mesmo tempo, estou um pouco preocupada. Eu estava conversando com um executivo, colega de trabalho, e comentei que Isa iria para o exterior fazer mestrado e que ela é uma pessoa muito esforçada. E ele comentou que normalmente a maioria dos jovens que vão para o exterior estudar dificilmente voltam para o Brasil. Parece-me que lá fora os profissionais altamente qualificados são mais valorizados do que aqui. Os governos investem e incentivam esses profissionais a ficarem lá. Esse meu colega

O "desafio" de Isa

mesmo tinha amigos que foram e não voltaram. E essa possibilidade, que parece boba, mas não impossível, me deixa apreensiva.

Paulo emudeceu, ficou atordoado, mas balbuciou algumas palavras.

– Isa é muito inteligente... é bem provável que não retorne mesmo...

– Não, Paulo, Isa é uma pessoa muito "esforçada". Às vezes, fico pensando que o que faz a diferença na vida de uma pessoa não é a inteligência, mas sim o esforço. Inteligência, todos temos. Isa sempre...

Paulo já não estava ali, somente seu corpo, sua mente estava longe. A princípio pensava que dois anos passariam rápido, mas uma ida sem volta... Não conseguiu continuar a conversa, se despediu, pegou a carta que foi buscar e foi embora. Dona Glória, muito atenta, percebeu que algo não estava certo. Sorriu intimamente e concluiu que Isa tinha um grande admirador que vivia no anonimato.

Paulo chegou em casa agitado. Não conseguiu dormir aquela noite. Precisava tomar uma atitude: Isa estava na iminência de partir e havia a possibilidade de nunca mais revê-la. Diante dessa possibilidade, Paulo admitiu para si mesmo que nutria um sentimento especial por ela.

No dia seguinte pensou em ligar para Isa. Mas não teve coragem. Apesar de não parecer, era tímido com esses assuntos. Falar diretamente com ela, também não tinha coragem. Fazer o que, então? Passou o dia inquieto, mal conseguiu trabalhar. Conversou com Isa por telefone, mas não teve coragem de tocar no assunto.

Chegou o dia do embarque de Isa para a Escócia. Paulo compareceu ao aeroporto. Estava todo "arrumadinho". Isa até estranhou. Todo perfumado, gel no cabelo, barba feita. Tinha nas mãos uma caixa muito delicada de chocolates belgas finos, com recheio. Era uma linha gourmet, edição limitada, que a empresa que ele trabalhava lançou para o final de ano. A mãe de Isa, que já havia percebido e, no fundo, já sabia do interesse do rapaz, sugeriu ao seu marido que os deixassem a sós.

Isa sorriu e elogiou Paulo, que na hora ficou vermelho. Isa pegou em sua mão, que suava. Ele tentou disfarçar. Entregou os bombons para Isa, todo sem graça. Definitivamente, não era um conquistador, não era um "Casanova". Mas não a deixaria ir embora sem falar o que sentia. Então, tomou coragem e começou a falar.

– Isa, eu queria te falar uma coisa, mas só para você saber. E, como está indo embora, se não quiser falar mais comigo, tudo bem também.

Isa havia aprendido a controlar sua ansiedade. Agora estava muito mais tranquila e madura. Olhou para Paulo e sorriu docemente. Pegou em suas mãos, estimulando-o a falar.

– Sim, Paulo, diga. Eu quero ouvir.

Meio gaguejando, Paulo completou.

– Nunca fui bom com as palavras. Então, me desculpe. Mas, vou falar. De qualquer forma, eu vou falar!

Um suspense se fez no ar, quando Paulo, aturdido, se pronunciou.

– Bem, Isa, é... é... é... Uma boa viagem...

Capítulo 12

Isa não resistiu e sorriu discretamente para não magoar Paulo. E serenamente repetiu.

– Paulo, o que queria me dizer, verdadeiramente?

No impulso, Paulo começou a falar.

– Tudo bem, eu queria te dizer que gosto de você, e pensar que nunca mais irei te ver me fez tomar coragem e te dizer o quanto gosto de você.

Paulo, nesse momento, estava muito sério e olhava para o chão. Isa, percebendo o constrangimento de Paulo, o abraçou carinhosamente e disse:

– Pensei que você nunca fosse me falar. E, sim, eu vou retornar para o Brasil.

Paulo, atordoado, olhou fixamente para Isa.

– Você sabia, Isa?

– Não, Paulo, eu sentia. Tive certeza quando você, que nem levava caderno para a faculdade, copiou toda a matéria de forma impecável e levou para mim no hospital. A sua preocupação, seus cuidados, conversando com os professores sobre minha situação... E, por fim, suas tentativas de boicotar minha viagem.

– Mas agora é tarde... você está indo embora.

Nesse momento, Isa deu-lhe um beijo. Esse beijo seria inesquecível para ambos.

– Nunca é tarde, Paulo! Hoje a tecnologia nos aproxima. Eu virei algumas vezes. Você pode ir me visitar. Quem sabe até fazer mestrado lá também...

Paulo estava deslumbrado! Então Isa correspondia ao seu sentimento. Ele a abraçou forte. Gostava da ideia de visitá-la na Escócia. Mas... fazer mestrado? Respondeu, ainda a abraçando, baixinho:

– Quero muito ir te visitar. Mas acho que não sou inteligente a ponto de conseguir, como você, fazer mestrado no exterior.

Isa se afastou um pouco, sem sair de seu abraço, para olhá-lo firmemente.

– Paulo, nossas conquistas não são necessariamente resultado de nossa inteligência. São, sim, do nosso próprio esforço pessoal e das oportunidades que temos. Você mesmo é um exemplo disso. Na ocasião em que fiquei doente, com dengue, você conseguiu se organizar como nunca, se dedicou, copiou a matéria, resolveu e comentou os exercícios. E, depois, você viu o resultado: estava preparado e seu desempenho foi excelente, você conseguiu construir aqueles conhecimentos. Lembra-se do "meu discurso"? Então, se você unir sua boa vontade e seu esforço e souber aproveitar as oportunidades, você também pode conquistar uma bolsa e vir ao meu encontro.

– É, já me falaram que o que determina o sucesso de uma pessoa é seu esforço, inteligência todos nós temos...

Os dois sorriram e se abraçaram. Antes que Isa embarcasse, Paulo roubou-lhe o último beijo. Os pais de Isa estavam encantados com aquele romance, que se iniciara ali, na despedida. Dona Glória pensou que, assim, haveria mais um motivo para Isa retornar ao Brasil. Seu coração se alegrou em ver o sonho da filha se realizar. E ela também abraçou feliz o seu grande amor.

Referências

Capítulo 1

[1] ISSO EU NÃO SABIA. *O ovo de Colombo*. Disponível em: <https://issoeunaosabia.wordpress.com/2012/03/16/o-ovo-de-colombo/>. Acesso em: 27 jun.2018.

Capítulo 2

[1] MARTINS, Eliseu. *Contabilidade de custos*. 9. ed. São Paulo: Atlas, 2003.

[2] MUNHOZ, A. M. H. *Uma análise multidimensional da relação entre a inteligência e desempenho acadêmico em universitários ingressantes*. 2004. 171 f. Tese (Doutorado) – Faculdade de Educação, Universidade Estadual de Campinas, Campinas, São Paulo, 2004. p. 52.

[3] LIBÂNEO, José Carlos. *Didática*. São Paulo: Cortez, 1994. p. 195.

[4] HOFFMANN, J. *Avaliação mediadora*: uma prática em construção da pré-escola à universidade. Porto Alegre: Mediação, 2014.

Capítulo 3

[1] ANDRIOLA, W. B. Fatores institucionais associados aos resultados do Exame Nacional de Desempenho Estudantil (ENADE): Estudo dos Cursos de Graduação da Universidade Federal do Ceará. *Revista Iberoamericana sobre Calidad, Eficacia y Cambio en Educación*, v. 7, n. 1, p. 22-49, 2009.

[2] MIRANDA, G. J.; VICENTE, J. M.; FREITAS, S. C. Desempenho acadêmico inferior dos alunos do "fundão": mito ou realidade? *Revista de Contabilidade e Organizações*, v. 22, p. 39-48, 2014.

[3] STIRES, L. Classroom Seating Location, Student Grades, and Attitudes: Environment or Self-Selection? *Environment and Behavior*, v. 12, n. 2, p. 241-254, 1980.

[4] DICIONÁRIO INFORMAL. *Lavar a égua*. Disponível em: <http://www.dicionarioinformal.com.br/significado/lavar%20a%20%C3%A9gua/1386/>. Acesso em: 27 jun. 2018.

[5] GUNEY, Y. Exogenous and endogenous factors influencing students' performance in undergraduate accounting modules. *Accounting Education*, v. 18, n. 1, p. 51-73, 2009.

[6] HARRINGTON, D. R. et al. *Determinants of Student Performance in an Undergraduate Financial Accounting Class*. Department of Agricultural, Economics and Business, n. 34117, University of Ontario, 2006.

Referências

[6] ANDRIOLA, W. B. Op. cit.

[7] VEIGA, Ilma Passos Alencastro (org.). Inovações e projeto político-pedagógico: uma relação regulatória ou emancipatória? *Cad. Cedes*, Campinas, v. 23, n. 61, p. 267-281, dez. 2003.

[8] ANDRIOLA, W. B. Op. cit.

[9] MOURA, Andréa Clélia da Rocha; MIRANDA, Gilberto José; PEREIRA, Janser Moura. Desempenho acadêmico em Ciências Contábeis: turno noturno *versus* diurno. *Enfoque: Reflexão Contábil (Impresso)*, v. 34, p. 57-70, 2015.

Capítulo 4

[1] DICIONÁRIO POPULAR. *A vaca foi pro brejo*. Disponível em: <https://www.dicionariopopular.com/a-vaca-foi-pro-brejo/>. Acesso em: 27 jun. 2018.

[2] SIGNIFICADOS. *O que é advogado do diabo*. Disponível em: <https://www.significados.com.br/advogado-do-diabo/>. Acesso em: 27 jun. 2018.

Capítulo 5

[1] MIRANDA, G. J. *Relações entre as qualificações do professor e o desempenho discente nos cursos de graduação em contabilidade no Brasil*. 2011. 211 f. Tese (Doutorado em Ciências Contábeis) – Departamento de Contabilidade e Atuária, Faculdade de Economia, Administração e Contabilidade, Universidade de São Paulo, São Paulo, 2011.

[2] MIRANDA, G. J.; CASA NOVA, S. P. C.; CORNACCHIONE JÚNIOR, E. B.. Os saberes dos professores-referência no ensino de contabilidade. *Revista Contabilidade & Finanças*, São Paulo, v. 23, n. 59, p. 142-153, ago. 2012.

[3] KACHELMEIER, S. J. In defense of accounting Education. *The CPA Journal*, 2002.

[4] MIRANDA, G. J. Op. cit.

[5] ARAÚJO, T. S. et al. Problemas percebidos no exercício da docência em Contabilidade. *Revista Contabilidade e Finanças*, São Paulo, v. 26, n. 67, p. 93-105, 2015.

[6] VASCONCELOS, M. L. M. C. *A formação do professor do ensino superior*. 3. ed. São Paulo: Xamã; Niterói: Intertexto, 2009. p. 45.

[7] SACRISTÁN, J. G. *O currículo*: uma reflexão sobre a prática. Porto Alegre: Artmed, 1998.

[8] LIMA, F. D. C.; OLIVEIRA, A. C. L.; ARAÚJO, T. S.; MIRANDA, G. J. O choque com a realidade: dormi contador e acordei professor... *Revista Iberoamericana sobre Calidad, Eficacia y Cambio en Educación – REICE*, v. 13, n. 1, p. 49-67, 2015.

[9] ANASTASIOU, L. das G. C. A teoria e a prática de processos de formação continuada do docente universitário. In: ALMEIDA, M. I.; PIMENTA, S. G. (orgs.). *Pedagogia universitária*. São Paulo: EDUSP, 2009.

Capítulo 6

[1] SANTOS, N. A. *Determinantes do desempenho acadêmico dos alunos dos cursos de ciências contábeis*. Tese de Doutorado, Faculdade de Economia, Administração e Contabilidade, Universidade de São Paulo, São Paulo, 2012.

Referências

Capítulo 7

[1] BYRNE, M.; FLOOD, B. Examining the relationships among background variables and academic performance of first year accounting students at an Irish University. *Journal of Accounting Education*, v. 26, n. 4, p. 202-212, 2008.

[2] HARRINGTON, D. R. et al. Op. cit.

[3] STEENKAMP, L. P.; BAARD, R. S.; FRICK, B. L. Factors influencing success in first-year accounting at a South African university: a comparison between lecturers' assumptions and students' perceptions. *SA Journal of Accounting Research*, v. 23, n. 1, 2009.

[4] UYAR, A.; GÜNGÖRMÜ, A. H. Factors Associated with Student Performance in Financial Accounting Course. *European Journal of Economic and Political Studies*, v. 4, n. 2, p. 139-154, 2011.

Capítulo 8

[1] BANDURA, A. Regulação dos processos cognitivos através da auto-eficácia percebida. *Psychology Developmental*, v. 25, p. 725-739, 1989.

[2] FONTAINE, A. M. *Motivação em contexto escolar.* Lisboa: Universidade Aberta, 2005.

[3] BANDURA, A. Op. cit.

[4] SILVA, D. J.; DUARTE, M. G. G. *A motivação para os estudos entre os universitários.* Alfenas, 2012.

[5] JOKURA, Tiago. Qual é a origem da expressão "caiu a ficha"? *Super Interessante*. Disponível em: <https://super.abril.com.br/blog/oraculo/qual-e-a-origem-da-expressao-caiu-a-ficha/>. Acesso em: 27 jun. 2018.

[6] ANDRADE, L.; GORESTEIN, R. Aspectos gerais das escalas de avaliação de ansiedade. *Revista de Psiquiatria Clínica*, v. 25, p. 285-290, 1998.

[7] BIAGGIO, A. M. B. A ansiedade do dia-a-dia. In: LIPP, M. N. (org.). *O stress está dentro de você.* São Paulo: Contexto, 2000.

[8] ANDRADE, L.; GORESTEIN R. Op. cit.

[9] BIAGGIO, A. M. B. Op. cit.

[10] ANDRADE, L.; GORESTEIN, R. Op. cit.

[11] BIAGGIO, A. M. B. Op. cit.

[12] REIS, C. F.; MIRANDA, G. J.; FREITAS, S. C. Ansiedade e desempenho acadêmico: um estudo com alunos de Ciências Contábeis. *Advances in Scientific and Applied Accounting*, v. 10, p. 319-333, 2017.

[13] BIAGGIO, A. M. B. Op. cit.

[14] BIAGGIO, A. M. B. Op. cit.

[15] BIAGGIO, A. M. B. Op. cit.

[16] REZENDE, M. S.; MIRANDA, G. J.; PEREIRA, J. M.; CORNACCHIONE JR., E. B. *Stress* e desempenho acadêmico na pós-graduação *stricto sensu* em Ciências Contábeis no Brasil. *Education Policy Analysis Archives*, v. 25, p. 96, 2017.

[17] DICIONÁRIO PRIBERAM. Disponível em: <https://www.priberam.com/dlpo/estresse>. Acesso em: 27 jun. 2018.

[18] BALLONE, G. J. *Estresse e trabalho.* Disponível em: < http://psiqweb.net/index.php/estresse-2/estresse-e-trabalho/>. Acesso em: 27 jun. 2018.

Referências

[19] LIPP, M. E. N. *O stress está dentro de você*. 2. ed. São Paulo: Contexto, 2000.

[20] LIPP, M. E. N. Op. cit.

[21] LIPP, M. E. N. Op. cit.

[22] LIPP, M. E. N. Op. cit.

[23] LIPP, M. E. N. Op. cit.

[24] BALLONE G. J. Estresse – o que é isso? *PsiqWeb*. Disponível em: <www.psiqweb.med.br>. Acesso em: 27 jun. 2018.

[25] MASLACH, C.; SCHAUFELLI, W. B. Historical and conceptual development of burnout. In: Schaufelli, W. B.; Maslach, C.; Marek, T. (orgs.). *Professional burnout*: recent developments in theory and research. Washington, DC: Taylor & Francis, 1993. p. 1-18.

[26] OLIVEIRA, G. F. et al. Síndrome de Burnout em estudantes universitários. *Id on line Revista de Psicologia*, ano 2, n. 6, nov. 2008.

[27] OLIVEIRA, G. F. et al. Op. cit.

[28] NOGUEIRA-MARTINS, M. C. F. *Humanização das relações assistenciais*: a formação do profissional de saúde. São Paulo: Casa do Psicólogo, 2002.

[29] BALOGUN, J.; HELGEMOE, S.; PELEGRINI, E.; HOEBERLEIN, T. Test-retest reability of a psychometric instrument designed to measure physical therapy student's Burnout. *Perceptual and Motor Skill*, v. 81, p. 667-672, 1995.

[30] FREIRE, Paulo. *Pedagogia do oprimido*. 42. ed. Rio de Janeiro: Paz e Terra, 2005.

[31] CHIAVENATO, I. *Introdução à teoria geral da administração*: uma visão abrangente da moderna administração das organizações. 7. ed. Rio de Janeiro: Elsevier, 2003.

[32] CHIAVENATO, I. Op. cit.

[33] MAXIMIANO, A. C. A. *Introdução à administração*. 6. ed. São Paulo: Atlas, 2004.

Capítulo 9

[1] AL-TAMIMI, H. A. H.; AL-SHAYEB, A. R. Factors affecting student performance in the introductory finance course. *Journal of Economic & Administrative Sciences*, [s.l.], v. 18, n. 2, 2002.

[2] MONROE, S.; MORENO, A.; SEGALL, M. Student performance determinants in a business statistics course at a large Urban Institution: conference proceedings. *The Academic and Business Research Institute*, Las Vegas, out. 2011. (Distributed on CD ROM.)

[3] CAMPBELL, M. M. Motivational systems theory and the academic performance of college students. *Journal of College Teaching & Learning*, [s.l.], v. 4, n. 7, p. 11-24, 2007.

[4] MIRANDA, G. J.; LEMOS, K. C. S.; OLIVEIRA, A. S.; FERREIRA, M. A. Determinantes do desempenho acadêmico na área de negócios. *Meta: Avaliação*, v. 7, n. 20, p. 175-209, maio-ago. 2015.

[5] MARTINI, M. L. *Atribuições de causalidade, crenças gerais e orientações motivacionais de crianças brasileiras*. Dissertação de Mestrado não publicada. Faculdade de Educação. Universidade Estadual de Campinas, Campinas, São Paulo, 1999.

[6] EIKNER, A. E.; MONTONDON, L. Evidence on factors associated with success in intermediate accounting I. *The Accounting Educators' Journal*, [s.l.], v. 13, 2006.

[7] UYAR, A.; GÜNGÖRMUS, A. H. Factors Associated with Student Performance in Financial Accounting Course. *European Journal of Economic and Political Studies*, [s.l.], v. 4, n. 2, p. 139-154, 2011.

Referências

[8] SEOW, P. S.; PAN, S. C. G.; TAY, S. W. Revisiting the determinants of student's performance in an undergraduate accountancy degree programme in Singapore. *Global Perspectives of Accounting Education*, [s.l.], v. 11, n. 1, 2014.

[9] PARDINI, D. J.; MUYLDER, C. F.; FALCÃO, B. M. Diversidade no meio universitário: influência dos atributos comportamentais e demográficos no relacionamento e desempenho de alunos de graduação em Administração. *Análise/FACE*, Porto Alegre, v. 22, n. 1, p. 44-55, jan.-jun. 2011.

[10] CHANG, M. J. Reconsidering the diversity rationale. *Liberal education*, [s.l.], Winter 2005. Disponível em: <https://www.aacu.org/publications-research/periodicals/reconsidering-diversity-rationale>. Acesso em: 27 jun. 2018.

[11] KRIEG, R. G.; UYAR, B. Student performance in business and economics statistics: does exam structure matter? *Journal of Economics and Finance*, [s.l.], v. 25, n. 2, p. 229-241, 2001.

[12] NYIKAHADZOI, L. et al. Determinants of students' academic performance in four selected accounting courses at University of Zimbabwe. *Research in Higher Education Journal*, Florida, v. 21, ago. 2013.

[13] SANTOS, P. L.; GRAMINHA, S. S. V. Problemas emocionais e comportamentais associados ao baixo rendimento acadêmico. *Estud. psicol.*, Natal, v. 11, n. 1, p. 101-109, abr. 2006.

[14] BARROS, R. P. et al. Determinantes do desempenho educacional no Brasil. *Pesquisa e Planejamento Econômico*, v. 31, n. 1, abr. 2001.

[15] FERREIRA, M. C. T.; MARTURANO, E. M. Ambiente familiar e os problemas do comportamento apresentados por crianças com baixo desempenho escolar. *Psicol. Reflex. Crit.*, Porto Alegre, v. 15, n. 1, p. 35-44, 2002.

[16] MASASI N. J.; JAGERO, N. How prior academic exposure affect students performance in undergraduate accounting course in Tanzania. *International Journal of Business and Management Tomorrow*, [s.l.], v. 2, n. 2, p. 201-211, 2012.

Capítulo 10

[1] PINDYCK, R. S.; RUBINFELD, D. L. *Microeconomia*. 7. ed. São Paulo: Pearson Education do Brasil, 2010.

[2] HANUSHEK, E. A.; WOESSMANN, L. Institutional structures of the education system and student achievement: a review of cross-country economic research. In: STRIETHOLT, R.; BOS, W.; GUSTAFSSON, J. E.; ROSEN, M. (eds.). *Educational Policy Evaluation through International Comparative Assessments*. Waxmann Verlag: Münster, 2014, p. 145-176.

[3] DICIONÁRIO INFORMAL. *Pé rapado*. Disponível em: <https://www.dicionarioinformal.com.br/significado/p%C3%A9%20rapado/6528/>Acesso em: 27 jun. 2018.

[4] MUNDO ESTRANHO. Disponível em: <https://mundoestranho.abril.com.br/cultura/qual-e-a-origem-da-expressao-tirar-o-cavalo-da-chuva/>. Acesso em: 27 jun. 2018.

[5] HANUSHEK, E. A.; WOESSMANN, L. Op. cit.

ROTAPLAN
GRÁFICA E EDITORA LTDA

Rua Álvaro Seixas, 165
Engenho Novo - Rio de Janeiro
Tels.: (21) 2201-2089 / 8898
E-mail: rotaplanrio@gmail.com